青春读写课

夜行的驿车

石恢 编著

天地出版社 | TIANDI PRESS

图书在版编目（CIP）数据

夜行的驿车 / 石恢编著. — 成都：天地出版社，
2022.6（2022.6重印）
（青春读写课）
ISBN 978-7-5455-7028-1

Ⅰ.①夜… Ⅱ.①石… Ⅲ.①阅读课—中学—教学
参考资料 Ⅳ.①G634.333

中国版本图书馆CIP数据核字（2022）第044907号

YEXING DE YICHE
夜行的驿车

出品人	杨 政
编　著	石 恢
责任编辑	王笃竹
装帧设计	今亮後聲·王秋萍
内文排版	四川最近文化传播有限公司
责任印制	王学锋

出版发行 天地出版社
　　　　　（成都市锦江区三色路238号　邮政编码：610023）
　　　　　（北京市方庄芳群园3区3号　邮政编码：100078）
网　址 http://www.tiandiph.com
电子邮箱 tianditg@163.com
经　销 新华文轩出版传媒股份有限公司

印　刷 北京文昌阁彩色印刷有限责任公司
版　次 2022年6月第1版
印　次 2022年6月第3次印刷
开　本 660mm×920mm 1/16
印　张 15.25
字　数 177千字
定　价 39.80元
书　号 ISBN 978-7-5455-7028-1

编写说明

青春期是人生中最美妙的一个时期，同时又是一个充满神秘感的成长过程。成长中的青少年有憧憬也有烦恼，他们在眼花缭乱的世界里，会面临各种肯定与否定，会随之产生自信与茫然等各种复杂的情绪。因此，在这个时期，他们最为重要的功课，就应该是阅读。只有通过阅读，他们才能走向自我深处，走向外面广阔的天地。

"青春读写课"这套书就是为这个年龄阶段的孩子们编写的，而这个年龄阶段的孩子大多都还是初中阶段的学生。《义务教育语文课程标准（2022年版）》中，要求学生"多读书、好读书、读好书、读整本书，注重阅读引导，培养读书兴趣"，并要求教师"从中外各类优秀文学作品中选择合适的读物，特别是反映革命文化和社会主义先进文化的作品，向学生补充推荐"。

新的阅读教育方向，不再是简单考查阅读文本中的知识或主题，而是更着重于对阅读的理解与日常的积累加以考查，提升在具体的情景中思考和感受的能力，注重整合与阐释，思维的过程，信息的加工整理以及迁移和运用。这意味着，广泛的阅读将成为整个语文教育的根基。

2022年版新课标改革还明确提出了设置三个层面的学习任务群的要求。其中第一层设"语言文字积累与梳理"一个基础学习任务群；第二层设"实用性阅读与交流""文学阅读与创意表达""思辨性阅读与表达"三个发展型学习任务群；第三层拓展性学习任务群，包括"整本书阅读""跨学科学习"。

因此，这套书从提高"核心素养"的要求入手，以"专题阅读"学习任务群的方式，选取古今中外经典篇目，对读写进行整合。无论是选文还是阅读目标，都紧紧围绕着"文化自信""语言运用""思维能力""审美创造"这四个目标方向，以帮助学生根据不同的阅读目的，综合运用精读、略读与浏览等方法，提升语言运用能力，加深思想深度，学会处理文本中的多种信息，并最终落实为引导学生的写作输出。

这套书由三分册构成，分别由不同的人文主题构成"专题阅读"学习任务群。其设置以初中部编语文教材为依据，在内容主题上有所对应，帮助学生实现从课内阅读到课外阅读的视野拓展与主题深化，让学生在阅读的过程中，产生探究与教材相关联的内容的热情和兴趣，顺利实现从阅读走向写作。

由于篇幅的限制，我们对有些选录的内容不得不做部分删节，选文根据语言文字标准和规范，略有改动。

本书编写过程中采用了许多师友的著作或译文，成书之时，仍有少数作者和译者未能取得联系。我们将会继续努力寻找，同时也诚挚地希望这部分作品的版权所有人见书后与我们联系，以便奉上稿酬和样书。

编著者

2022年4月

目录

献给母亲

父亲的背影

亲爱的祖国

祖国到底是什么

路遥

　　世界上有许多美好的地方，为什么我们独爱祖国？本文节选自路遥的长篇小说《平凡的世界》，淋漓尽致地表达了对祖国深沉而热烈的爱。路遥（1949—1992），中国当代作家。

　　我曾经不止一次地想过，祖国，到底是什么？

　　我想呀，想呀，每一次想起"祖国"这两个字，心里便泛起一阵温柔的波浪，眼里便涌起一片晶莹的泪花，血管里便奔腾起一股股热血……

　　祖国是什么？她是山，是海，是森林，是草地，是村庄，是城市，是莽莽无垠的沙漠，是绵延起伏的丘陵。

　　祖国是什么？她是炊烟，是鸽哨，是端午的龙舟，是中秋的火把，是情人在木栅栏后的热烈亲吻，是婴儿在摇篮里的咿咿呀呀的呼唤，是母亲在平底锅上烙出的煎饼，是父亲在远行时的殷殷叮咛。

　　祖国是什么？她是孔子、老子、庄子的思考，是屈原、李白、陆游的诗，是韩愈、柳宗元、苏轼的散文，是李煜、李清照、辛弃疾的词，是八大山人、郑板桥、齐白石的画，是米芾、黄山谷、林散之的书法，是我们先辈中那些最智慧的人的创造，是我最尊崇的那些大师们的劳绩。

祖国是什么？她是一次次的屈辱，她是一次次的抗争，一次次的失败，一次次的奋起。她是战士手中的枪，志士颈上的血，是胜利后的狂欢，是史书上一页页不朽的篇章。

世界上有许多美好的地方。但是，那里有黄山吗，有黄河么吗，有长江吗，有长城吗，有母亲生育我时的衣胞吗，有我一步步艰难跋涉过来的足印吗，有我和我的亲友们都已经习惯了的那些难以尽说的民风民俗吗，有我一开口哼唱就觉得荡气回肠的乡音吗？

没有。既然这些都没有，那么，祖国就是一个不可替代的地方。

祖国，她是一首唱不完的恋歌，一篇写不尽的美文。她是我们那祖先和祖先的祖先赖以繁衍生息的地方，也是我们的子孙和子孙的子孙赖以生存发展的地方。

我曾经不止一次地想过，祖国，到底是什么？我想呀，想呀……我亲爱的祖国！

❀❀ 写作学习 ❀❀

这篇作品运用排比手法，罗列了大量中华民族历史文化意象，为读者们勾画了一个独一无二的祖国，一个不可替代的摇篮。这些历史和文化，不仅代表着每一个中华儿女共有的认知与背景，更注定了全体中华儿女所负有的责任与使命。这些溶于血液、刻于基因的共同点，团结着所有中华子民，我们在时间长河里求索、汲取、隐忍、抗争、成长、繁荣、崛起。

　　作者笔下的祖国，是时空的延伸，是历史、文化、地理、生活和爱的结合，以至于他"想呀，想呀，每一次想起'祖国'这两个字，心里便泛起一阵温柔的波浪，眼里便涌起一片晶莹的泪花，血管里便奔腾起一股股热血……"，他用了31个比喻，汇成了心中祖国的样子。二千多年的历史画卷，在我们眼前徐徐展开，悠久深厚的民族文化慢慢成为最坚固的城墙……可以说，路遥唤醒了我们对走过的道路、经历过的情感的深刻记忆，唤醒了我们对祖国深切的情感。

祖国山川颂

黄药眠

导读

　　《祖国山川颂》写于20世纪80年代初，全文以祖国山河的壮丽秀美为赞美内容，采取的是全景式的描画与铺陈的方式，它超越了时空的界限，对祖国的山河美景一一加以铺叙，既有对传统的秉承与借鉴，又有自己独特的创新与思考，整篇文章读来大气磅礴，深情动人。黄药眠（1903—1987），中国现代作家、文艺理论家。

　　我爱祖国，也爱祖国大自然的风景。

　　我不仅爱祖国的山河大地，就是一草一木，一花一石，一砖一瓦，我也感到亲切，值得我留恋和爱抚。

　　不要去说什么俄罗斯的森林，英吉利的海，芬兰的湖泊，印度尼西亚的岛群了。中国自有壮丽伟大的自然图画。

　　我们有头顶千年积雪的珠穆朗玛峰，有莽苍的黄土高原，有草树蒙密的西双版纳，有一望无际的华北平原，有一泻千里的黄河，有浩浩荡荡的扬子江，有小兴安岭的原始森林，有海南的椰林碧海，有大西北的广阔无垠的青青牧场，还有说不尽的江湖沼泽……

我爱我们祖国的土地！狂风曾来扫荡过它，冰雹曾来打击过它，霜雪曾来封锁过它，大火曾来烧灼过它，暴雨曾来冲刷过它，帝国主义的炮弹也曾轰击过它。不过，尽管受了磨难，它还是默默地坚持着。一到春天，它又苏醒过来，满怀信心地展现出盎然的生机和万卉争荣的景象。

这是祖国大地对劳动者的回答：光秃秃的群山穿起了墨绿色的衣裳，冈峦变成了翠绿的堆垛，沟谷变成了辽阔葱绿的田园，沼泽变成了明镜般的湖泊，险峻的山峰低头臣服，易怒的江河也愿供奔走。

祖国的山河对我们总是有情的。我们对它每唱一首歌，它都总是作出同样响亮而又热情的回响。

我时时徜徉在中国古典诗歌的天地里，体会最细微的感情，捉摸耐人寻味的思想，感受铿锵的节奏、婉转悠扬的韵律，领略言外不尽的神韵，更陶醉于诗人们对大自然叹为观止的描画。当我读到得意的时候，就会不知不觉地反复吟哦，悠然神往。

祖国的语言多么神奇！它的每一个词每一个字，都同我的生活血肉相连，同我的心尖一起跳跃。

哪怕是最简单的一句话，也能让我联想到一幅幅美丽的图画，联想到一望无际的山川、森林、村舍、田野、池塘和湖泊。

祖国的大自然经常改变它的装束。春天，它穿起了万紫千红的艳装；夏天，它披着青葱轻俏的夏衣；秋天，它穿着金黄色的庄严礼服；冬天，它换上了洁白而朴素的银装。

大自然的季节的变换，催促着新生事物的成长。

这是春天的消息！你瞧，树枝上已微微露出了一些青色，窗子外面开始听得见唧唧的虫鸣了。新一代的昆虫，正在以人们所熟悉的语言庆祝它们新生的快乐。

繁盛的花木掩映着古墓荒冢，绿色的苍苔披覆着残瓦废砖。人世有变迁，而春天则永远循环不已，生生不息。

碧油油的春草是多么柔软、茂盛，充满着生机！它青青的草色，一直绵延到春天的足迹所能达到的辽远的天涯……

草比花有时更能引起人们许多的联想和遐思。

夏天的清晨，薄雾飘荡的乡村，姑娘赤着脚，踩着草上晶莹的露珠，走到银色的小溪边，轻轻地汲满了一桶水。云雀在天空歌唱，霞光照着她的鲜红的双颊……

这是多么淳朴的劳动者之美啊！

秋天，到处是金红的果子，翠锦斑斓的黄叶，露出树木些微的倦意。

清秋之夜，天上的羽云像轻纱似的，给微风徐徐地曳过天河，天河中无数微粒似的星光明灭闪烁。

在冰峰雪岭下不也能开出雪莲来吗？你看它是否比荡漾在涟漪的水面上的睡莲更娇艳？

暗夜将尽，每一棵树都踮起脚来遥望着东方，企盼着晨曦。果然，红光满面的太阳出来了，它愉快地拥吻着每一根树梢，它的笑是金色的。

黄昏蹒跚在苍茫的原野里。最后看见它好像醉汉似的颓然倒下，消失在黑夜里了。明早起来一看，它早已无影无踪，只看见万丈红霞捧出了初升的太阳。

你也许曾经在花下看见细碎的日影弄姿，你也许曾经在林荫道旁看见图案般的玲珑树影，不过，你最好到森林深处去看一看朝阳射进来时的光之万箭的奇景。

我曾远离祖国几年。那些日子，我对祖国真的说不出有多么的怀念。这怀念是痛苦而又是幸福的。痛苦，是远离了祖国的亲人、祖国的山川风物；幸福，是有这样伟大的祖国供我怀念。

我曾躺在扬子江边的大堤上，静听江涛拍岸的声音。

最先它不过是雪山冰岩下面滴沥的小泉，逐渐才变成苍苔滑石间的细流，然后是深谷里跳跃着喜悦的白色浪花的溪涧。它在成长，在变幻，一时它是萦回在牛羊牧草之间澄澈的清溪，一时它又是沸腾咆哮、素气云浮的瀑布，一时它是波平如镜、静静地映着蓝天白云的湖泊，一时它又是飞流急湍、奔腾在崇山狭谷之间的险滩。不知经历了多少曲折和起伏，最后它才容纳了许多清的和浊的支流，形成了茫若无涯的、浩浩荡荡的大江。

我也时常约伴去登山。

我们登上了山头，回头看看所经过的曲折盘旋的小径，看看在脚下飞翔的鹰隼，就不觉要高呼长啸。

爬过几个山头以后，又看见前面还有更高的山俯视着我们。登上最后的顶峰，周围是笔峭的峭壁，突兀的危崖，嵯峨的怪石，挺立的苍松。脚下是苍茫的云海，云海的间隙中是缩小了的村镇，是游丝一般通往天边的道路……

我们曾在大海的近旁度假。

碧绿的海水吐着白茫茫一片浪花，蔚蓝的天空像半透明的碧玉般的圆盖覆在上面，海鸥翱翔在晴天和大海之间。太阳就睡在我们的脚下。

还有黄果树瀑布。

距离瀑布还有好几里，就先听到丘壑雷鸣，看到雾气从林中升起。走近一看，只见一股洪流直冲而下，在日光映射下，像是悬空的彩练，珠花迸发，有如巨龙吐沫；水冲到潭里，激起了沸腾的浪花、晶莹的水泡。大大小小的水珠，随风飘荡，上下浮游，如烟如雾，如雨如尘，浸人衣袖。上有危崖如欲倾坠，下有深潭不可逼视。轰隆的巨响，震耳欲聋，游人打着手势在夸张地交谈，却好像失去了声音。

生平到过不少的名山大川，但在我的脑海里印象最深的还是我家乡门前的小溪。春天，秀水涨满，桥的两孔像是一对微笑的眼睛。细雨如烟，桥上不时有人打着雨伞走过。对岸的红棉树开花了，燕子在雨中飞来飞去，还有一阵一阵的风，吹来了断续的残笛……

小溪流唱着愉快的歌流走了，它将冲击着一切涯岸流向大海。静静的群山，则仍留在原来的地方，目送那盈盈的水波远去。

流水一去是绝不回来了，但有时也会化作一两片羽云瞭望故乡。

― ❦ 写作学习 ❦ ―

本文通过对祖国大地之美、文化之美、四季之美、家乡和江河瀑布之美的描写，歌颂了祖国的壮丽和伟大，歌颂了创造这壮丽和伟大的人民，表达了对祖国母亲的深挚的热爱之情。

本文的主要写作特点有：

一是感情深挚饱满。它描写的每一景每一物，都饱含着作者由衷的热爱，都表现了作者"留恋和爱抚"的深情。尤其表达远离祖国时，念祖国是一种既痛苦又幸福的感觉，"痛苦，是远离了祖国的亲人、祖国的山川风物；幸福，是有这样伟大的祖国供我怀念"。这种爱国的情感，没有真切的体验是不会有的。

再是写景形象生动。把景物写得如诗如画，令人悠然神往，让我们感到我们伟大的祖国真是非常可爱。这种描写分概括描写和具体描写。如写大江的发展历程，用拟人、比喻等手法，用准确丰富的词语，把大江由滴沥的小泉发展到细流、到溪涧、到瀑布、到湖泊、到大江，写得形象生动。最出色的还是具体的景物描写，如对夏天赤脚的农村姑娘汲水的描写，对家乡的描写，对瀑布的描写等。

此外，作者的写景抒情中蕴含真理，隐含象征：如在行文中蕴含春天永恒、人世沧桑的哲理，长江发展的历程，象征祖国的发展壮大等。还有，文章联想丰富，修辞巧妙。比喻、拟人、排比等修辞的巧妙运用，增强了文章的气势。

春愁

清·丘逢甲

导读

　　这首诗的语言具有强烈的冲击力，表现了诗人饱满的爱国爱乡之情，以及期盼祖国统一的强烈愿望，感人至深。一百多年过去了，这首诗今日读来，依然充满了强烈的震撼力量。丘逢甲（1864—1912），我国近代杰出的爱国诗人、教育家，抗日护台的民族英雄。

春愁难遣强看山，

往事惊心泪欲潸。

四百万人同一哭，

去年今日割台湾。

　　春天有满腹的愁闷难以排遣，强打精神看着远山。往事让人刻骨铭心，忍不住热泪将流。

　　四百万同胞都在这同一天恸哭；因为去年的今日，就是割让台湾的日子。

- 强：强打精神，勉强。
- 潸：流泪。读音"shān"。
- 四百万人：当时台湾人口约数。

❀❀ 写作学习 ❀❀

春天本是令人赏心悦目的季节，但诗人却有满腹的愁闷，无处排遣，只好强迫自己去看着远山。本想让自己化解愁苦心情，但却并不能有所减缓。那些挥之不去的往事，又涌到心头，让自己热泪欲流。春愁如此之深沉，到底又因何种往事？到本诗的三四句，诗人才使出了千钧之笔力，揭开谜底。

"往事惊心泪欲潸"，这里的"往事"肯定是指割让台湾之事。但诗人在此处说到"往事惊心"，应该还包括了自己的经历。清廷割让台湾后，诗人怒不可遏，刺血上书力争，随后还组织和参加了台湾军民反对割让的抗日战斗，并亲自率义军在新竹血战了二十多个昼夜，最后因兵尽援绝而失败，不得已才回到大陆，从此"九曲愁肠萦故国，一腔热血注台湾"。

诗中"去年今日"，指的是1895年4月17日（光绪二十一年三月二十三日），在日本马关，清政府代表李鸿章与日本首相伊藤博文、外相陆奥宗光签订《马关条约》，正式确认中国向日本割让台湾。这是何等痛心的血泪呼喊！割台一周年，只有生于斯长于斯的台湾同胞，才有如此痛彻心扉的刻骨铭心，那"同一哭"是四百万全体台湾同胞俯地悲泣的情景再现，也是满腔悲愤心情的强烈迸发。

这首诗作于1896年春，即《马关条约》签订一年后。诗人痛定思痛，抒发了强烈的爱国深情。

中国的土地

刘湛秋

导读

　　这首诗的前一节写土地，后一节写人民，结构完整，艺术浑成。歌颂祖国，礼赞人民，这是重大题材和古老主题，在一首十二行的抒情小诗中予以容纳，并且翻旧为新，难度极大，需要很高的艺术功力。刘湛秋（1935—2014），中国当代诗人。

你可知道这块神奇的土地
埋藏着黄金般的相思
一串串杜鹃花嫣红姹紫
激流的三峡传来神女的叹息
冬天从冻土层到绿色的椰子林
蔷薇色的海浪抚爱着沙粒

你可知道这块神奇的土地
黄皮肤，黑头发是那样美丽
敦厚的性格像微风下的湖水

顽强勇敢又如长江一泻千里

挂霜的葡萄下跃动着欢乐

坚硬的核里已绽开复兴的契机

❦❦ 写作学习 ❦❦

　　中国的土地，是神奇而美丽的土地。全诗共两段，第一段写土地上的景色之美。诗人精心选取杜鹃花、三峡、神女峰、冻土层、椰子林、海浪等代表中国版图东南西北的具体意象，有极高的概括性。第二段写这块土地上的人民，预言伟大祖国的复兴与繁荣。诗人分别描写了我们中国人的外表和内在的精神气质。因为"顽强勇敢"，我们的民族才能"如长江一泻千里"，走向独立、繁荣、富强；因为勤劳，才能享受到"葡萄下跃动着欢乐"。

　　全诗以对祖国、民族的爱为抒情线索，感情真挚，意象丰富；诗人发自内心地赞美祖国，从而激发读者热爱祖国的浓烈感情。

　　诗人十分注重意象的创造，把对中国土地的讴歌、对中国人民的礼赞寄寓在典型新颖的意象之中，如由巫峡神女峰而联想到帮助大禹治水的神女传说，既写出了祖国山川的神奇秀美，又自然而然地暗示了中华民族的悠久历史和古老文化，使作品具有横的地域感和纵的历史感。再如"微风下的湖水"和"长江"是喻体，也是意象，概括出中国人民性格中敦厚的一面和顽强的另一面，有柔有刚，具体地传达出民族性格的特征。还有以"挂霜的葡萄"象征中国人民的思想成熟，更属典型的意象手法。

谁是中国人

闻一多

导读

此诗原名为《祈祷》，是诗人闻一多从美国留学回来后不久所写成的一篇满怀深情的爱国主义诗篇。他在国外日夜思念祖国，对祖国寄予无限希望。可当他回到祖国后，却发现到处是残破与黑暗。"谁是中国人"的追问，既是对中华民族的伟大以及中华文化的悠久与灿烂的赞赏与讴歌，也是对当时中国现实的一种否定。闻一多（1899—1946），中国现代诗人、学者。

请告诉我谁是中国人，
启示我，如何把记忆抱紧；
请告诉我这民族的伟大，
轻轻的告诉我，不要喧哗！

请告诉我谁是中国人，
谁的心里有尧舜的心，
谁的血是荆轲聂政的血，

谁是神农黄帝的遗孽。

告诉我那智慧来得离奇，
说是河马献来的馈礼；
还告诉我这歌声的节奏，
原是九苞凤凰的传授。

请告诉我戈壁的沉默，
和五岳的庄严？又告诉我，
泰山的石溜还滴着忍耐，
大江黄河又流着和谐？

再告诉我，那一滴清泪，
是孔子吊唁死麟的伤悲？
那狂笑也得告诉我才好，——
庄周，淳于髡，东方朔的笑。

请告诉我谁是中国人，
启示我，如何把记忆抱紧；
请告诉我这民族的伟大，
轻轻的告诉我，不要喧哗！

注释

- 遗孽：亦作"遗孽"。可指后代，后裔。这里指血脉。读音"yí niè"。
- 荆轲：战国末年卫国人。公元前227年他刺杀秦王未果，被杀。
- 聂政：战国时侠客。公元前397年刺杀韩相侠累，继而格杀侠累侍卫数十人。因担心连累与自己面貌相似的姐姐荌，遂以剑自毁其面，挖眼、剖腹自杀。其姐在韩市寻认弟尸，伏尸痛哭，撞死在聂政尸前。
- 九苞凤凰：即凤凰。古时认为凤凰在外形和内在上有许多美质，有"凤有六象九苞"的说法。"六象"是就外形而言的，"九苞"则是就内在特征而言的。
- 石溜：指山中流水的石涧。
- 麟：麒麟，读音"qí lín"，传说中的一种动物，古代以其象征祥瑞。
- 淳于髡：战国时齐国稷下人，以博学、滑稽、善辩著称。
- 东方朔：西汉时期的辞赋家。以性格诙谐，言词敏捷，滑稽多智而著称。

🌸 **写作学习** 🌸

诗人历举了构成中国古老文明的英雄人物：有治国有方而受万世景仰的尧舜，有行侠仗义士为知己者死的荆轲和聂政，有遍尝百草的神农，有中华民族远祖黄帝；然后又举出了高尚而智慧的历史先贤，如孔子、庄周、淳于髡、东方朔等。

诗中的典故还包括："河马献来的馈礼"——《尚书》记载，伏羲称王下的时候，有龙马背负着"河图"从黄河走出，有神龟背负着"洛书"从洛水里爬出来，伏羲得到后，根据"河图""洛

亲爱的祖国　**019**

书"上的阴阳点而画出了八卦。"歌声的节奏"与"九苞凤凰"——九苞是指凤的九种特征，后为凤的代称。《左传》记载占卦辞"凤凰于飞，和鸣锵锵"，指凤凰雄雌声音相和，铿锵响亮。

"孔子吊唁死麟的伤悲"——《史书》记载，孔子见麒麟被捕杀，掩面涕泪，感叹天下大道不行。麟在古时被称为仁兽，那时有麟现于野则王者出的说法，如此仁兽，却被捕杀，孔子极为悲伤。

"请告诉我谁是中国人"，诗人自己只能在古老的历史记忆中去寻求答案，而在现实中他无法找到。面对现实的苦难与黑暗，诗人内心充满痛苦和深深的忧虑。他所认可的中国人，应该是那些配得上古代英雄人物血脉的人，是中华民族精神和文化传统真正的继承者与捍卫者，诗人在此表达了一种爱国主义与民族文化复兴的呼唤。但即使这样，民族文化的复兴，是否就能够真正拯救中国呢？

"轻轻的告诉我，不要喧哗"，诗人在追问，在等待，也在怀疑，而且并没有得到答案。本诗的标题"祈祷"的含义也就清晰了。全诗几乎全是由祈使句与疑问句组成，诗人在怀疑，在否定，但又生动地传递出了一种努力和挣扎。他依然在祈祷，在面对现实的绝望时祈祷，要把历史的"记忆抱紧"，期待重新有"民族的伟大"，这其实表现了诗人在迷惘悲观中的执着，在苦苦寻觅中的等待与痛苦的希望。

20世纪前期，在西方文明的强大压力下，通过弘扬传统的中国文化唤起当代中国人的自尊和自强，抵御西方文化的侵袭，这在当时是很多知识分子的选择。这首诗无疑也带有这样的思考。但在沉痛的现实面前，诗人却并没有找到真正的方向。这也正是那一代知识分子在表达爱国热情之时，必然伴随着深刻痛苦的原因。

说和做——记闻一多先生言行片段

臧克家

　　作为学者和诗人的闻一多先生，在20世纪30年代国立青岛大学的两年时间，我对他是有着深刻印象的。那时候，他已经诗兴不作而研究志趣正浓。他正向古代典籍钻探，有如向地壳寻求宝藏。仰之弥高，越高，攀得越起劲；钻之弥坚，越坚，钻得越锲而不舍。他想吃尽、消化尽我们中华民族几千年来的文化史，炯炯目光，一直远射到有史以前。他要给我们衰微的民族，开一剂救济的文化药方。1930年到1932年，"望闻问切"也还只是在"望"的初级阶段。他从唐诗下手，目不窥园，足不下楼，兀兀穷年，沥尽心血。杜甫晚年，疏懒得"一月不梳头"。闻先生也总是头发凌乱，他是无暇及此的。饭，几乎忘记了吃，他贪的是精神食粮；夜间睡得很少，为了研究，他惜寸阴、分阴。深宵灯火是他的伴侣，因它大开光明之路，"漂白了四壁"。

不动不响，无声无闻。一个又一个大的四方竹纸本子，写满了密密麻麻的小楷，如群蚁排衙。几年苦历，凝结而成《唐诗杂论》的硕果。

他并没有先"说"，但他"做"了，做出了卓越的成绩。"做"了，他自己也没有"说"。他又由唐诗转到楚辞。十年艰辛，一部"校补"赫然而出。别人在赞美，在惊叹，而闻一多先生个人呢，也没有"说"。他又向"古典新义"迈进了。他潜心贯注，心会神凝，成了"何妨一下楼"的主人。

做了再说，做了不说，这仅是闻一多先生的一个方面，——作为学者的方面。

闻一多先生还有另外一个方面，——作为革命家的方面。

这个方面，情况就迥乎不同，而且一反既往了。

作为争取民主的战士，青年运动的领导人，闻一多先生"说"了。起先，小声说，只有昆明的青年听得到；后来，声音越来越大，他向全国人民呼喊，叫人民起来，反对独裁，争取民主！他在给我的信上说："此身别无长处，既然有一颗心，有一张嘴，讲话定要讲个痛快！"

他"说"了，跟着的是"做"。这不再是"做了再说"或"做了也不一定说"了。现在，他"说"了就"做"。言论与行动完全一致，这是人格的写照，而且是以生命作为代价的。

1944年10月12日，他给了我一封信，最后一行说："另函寄上油印物两张，代表我最近的工作之一，请传观。"

这是为争取民主，反对独裁，他起草的一张政治传单！

在李公朴同志被害之后，警报迭起，形势紧张，明知凶多吉少，而闻先生大无畏地在群众大会上，大骂特务，慷慨淋漓，并指着这群败类说："你们站出来！你们站出来！"

他"说"了，说得真痛快，动人心，鼓壮志，气冲斗牛，声震天地！

他"说"了："我们要准备像李先生一样，前脚跨出大门，后脚就不准备再跨进大门！"

他"做"了，在情况紧急的生死关头，他走到游行示威队伍的前头，昂首挺胸，长须飘飘。他终于以宝贵的生命，实证了他的"言"和"行"。

闻一多先生，是卓越的学者，热情澎湃的优秀诗人，大勇的革命烈士。

他，是口的巨人，他，是行的高标。

永远的乡愁

乡愁

三毛

导读

    这篇文章里，作者借一串普通的铃铛传达了一种感觉，故土并不仅仅是自己的出生之地，有"爱"的地方就是"故乡"，一旦离开，就会牵动乡愁。三毛（1943—1991），中国台湾当代女作家。

    二十年前出国的时候，一个女友交在我手中三只扎成一团的牛铃。在那个时代里，没有什么人看重乡土的东西。还记得，当年的台北也没有成衣卖。要衣服穿，就得去洋裁店。拿着剪好的料子，坐在小板凳上翻那一本本美国杂志，看中了的款式，就请裁缝给做，而纽扣，也得自己去城里配。那是一个相当崇洋的时代，也因为，那时台湾有的东西不多。当我接过照片左方的那一串牛铃时，问女友哪里弄来的，她说是乡下拿来的东西，要我带着它走。摇摇那串铃，它们响得并不清脆，好似有什么东西卡在喉咙里似的，一碰它们，就咯咯地响上那么一会儿。

    将这串东西当成了一把故乡的泥土，它也许不够芳香也不够肥沃，可是有，总比没有好。就把它带了许多年，搁在箱子里，没怎么特别理会它。

等我到了沙漠的时候，丈夫发觉了这串铃，拿在手中把玩了很久，我看他好似很喜欢这串东西的造型，将这三个铃，穿在钥匙圈上，从此一直跟住了他。

以后我们家中有过风铃和竹条铃，都只挂了一阵就取下来了。居住的地区一向风大，那些铃啊，不停地乱响，听着只觉吵闹。不如没风的地方，偶尔有风吹来，细细碎碎地洒下一些音符，那种偶尔才得的喜悦，是不同凡响的。

以后又买过成串成串的西班牙铃铛。它们发出的声音更不好，比咳嗽还要难听，就只有挂着当装饰，并不去听它们。一次我们住在西非尼日利亚，在那物质上吃苦，精神上亦极苦的日子里，简直找不到任何使人快乐的力量。当时，丈夫日也做、夜也做，公司偏偏赖账不给，我看在眼里心疼极了，心疼丈夫，反而歇斯底里地找他吵架。那一阵，两个人吵了又好，好了又吵，最后常常抱头痛哭，不知前途在哪里，而经济情况一日坏似一日，那个该下地狱去的公司，就是硬吃人薪水还扣了护照。

这个故事，写在一篇叫作《五月花》的中篇小说中去，好像集在《温柔的夜》这本书里，在此不再重复了。就在那样沮丧的心情下，有一天丈夫回来，给了我照片右方那两只好似长着爪子一样的铃。我坐在帐子里，接过这双铃，也不想去摇它们，只是漠漠然。

丈夫对我说："听听它们有多好，你听——"接着他把铃铛轻轻一摇。那一声微小的铃声，好似一阵微风细雨吹拂过干裂的大地，一丝又一丝余音，绕着心房打转。方要没了，丈夫又轻轻一晃，那是今生没有听过的一种清脆入谷的神音，听着、听着，心里积压了很久的郁闷这才变作一片湖水，将胸口那堵住的墙给化了。

这两只铃铛，是丈夫在工地里向一个尼日利亚工人换来的，用一把牛骨柄的刀。

丈夫没有什么东西，除了那把不离身的刀子。唯一心爱的宝贝，为了使妻子快乐，换取了那副铃。那是一把好刀，那是两只天下最神秘的铜铃。

有一年，我回台湾来教书，一个学生拿了一大把铜铃来叫我挑。我微笑着一个一个试，最后挑了一只相当不错的。之后，把那两只尼日利亚的铜铃和这一只中国铃，用红线穿在一起。每当深夜回家的时候，门一开就会轻轻碰到它们。我的家，虽然归去时没有灯火迎接，却有了声音，而那声音里，唱的是："我爱着你。"

至于左边那一串被女友当成乡愁给我的三个铜铃，而今的土产、礼品店，正有大批新新的在卖。而我的乡愁，经过了万水千山之后，却觉得，它们来自四面八方，那份沧桑，能不能只用这片脚踏的泥土就可以弥补，倒是一个大大的问号了。

❀❀ 写作学习 ❀❀

对故土的眷恋可以说是人类共同而永恒的情感。远离故乡的游子、漂泊者、流浪汉，即使在耄耋之年，也望能叶落归根。然而三

毛的乡愁却不仅限于对故土的思念和留恋。她曾经说过，少年时每当看到世界地图上撒哈拉沙漠那一片赤黄的时候，心头总会泛起一种乡愁的感觉，于是终于有一天她背起了行囊，哼着"不要问我从哪里来，我的故乡在远方"那既带着依恋的哀愁，又伴随有漂泊豪情的旋律，寻找自己的精神家园去了，而且终于有一天在心灵的家园安下了一个现实的家。

这篇散文以铜铃为线索，写了作者三次拥有铜铃的故事，这些铜铃都包含了作者深厚的情感。家乡的牛铃放在箱里，不去理会，是不愿意触动乡愁；两只尼日利亚铜铃之所以被称为"天下最神秘的铜铃"是因为它们饱含了丈夫对自己的爱；那只中国铃则传达出学生对老师的热爱之情。作者善爱一切饱含情感的东西，也由此牵动了许多愁。

但是，故乡的牛铃、学生的中国铃就能涵盖作者的所有乡愁吗？作者说："我的乡愁，经过了万水千山之后，却觉得，它们来自四面八方，那份沧桑，能不能只用这片脚踏的泥土就可以弥补，倒是一个大大的问号了。"

前方

曹文轩

导读

　　这是一篇解读摄影作品的散文。作者从照片切入，然后展开联想，最后又回到照片，表达了人们离家与归家的双重欲望。曹文轩，1954年出生，中国当代作家，中国首位国际安徒生大奖获得者。

　　一辆破旧的汽车临时停在路旁，它不知来自何方。它积了一身厚厚的尘埃。一车人，神情憔悴而漠然地望着前方。他们去哪儿，归家还是远行？然而不管是归家还是远行，都基于同一事实：他们正在路上。归家，说明他们在此之前，曾有离家之举。而远行，则是离家而去。

　　人的眼中、心里，总有一个前方。前方的情景并不明确，朦胧如雾中之月，闪烁如水中之影。这种不确定性，反而助长了人们对前方的幻想。前方使他们兴奋，使他们行动，使他们陷入如痴如醉的状态。他们仿佛从苍茫的前方，听到了呼唤他们前往的钟声和激动人心的鼓乐。他们不知疲倦地走着。

　　因此，这世界上就有了路。为了快速地走向前方和能走向更远的地方，就有了船，有了马车，有了我们眼前这辆破旧而简陋的汽车。

路连接着家与前方。人们借着路，向前流浪。自古以来，人类就喜欢流浪。当然也可以说，人类不得不流浪。流浪不仅是出于天性，也出于命运。是命运把人抛到了路上。因为，即便是许多人终生未出家门，或未远出家门，但在他们内心深处，他们仍然有无家可归的感觉，他们也在漫无尽头的路上。四野茫茫，八面空空，眼前与心中，只剩下一条通往前方的路。

人们早已发现，人生实质上是一场苦旅。坐在这辆车里的人们，将在这样一辆拥挤不堪的车里，开始他们的旅途。我们可以想象：车吼叫着，在坑洼不平的路面上颠簸，把一车人摇得东歪西倒，使人一路受着皮肉之苦。那位男子手托下巴，望着车窗外，他的眼睛里流露出一个将要开始艰难旅程的人所有的惶惑与茫然。钱锺书先生的《围城》中也出现过这种拥挤的汽车。丰子恺先生有篇散文，也是专写这种老掉牙的汽车的。他的那辆汽车在荒郊野外的半路上抛锚了，并且总是不能修好。他把旅途的不安、无奈与焦躁不宁、索然无味细细地写了出来：真是一番苦旅。当然，在这天底下，在同一时间里，有许多人也许是坐在豪华的游艇上、舒适的飞机或火车上进行他们的旅行的。他们的心情就一定要比在这种沙丁鱼罐头一样的车中的人们要好些吗？如果我们把这种具象化的旅行，抽象化为人生的旅途，我们不分彼此，都是苦旅者。

人的悲剧性实质，还不完全在于总想到达目的地却总不能到达目的地，也在于走向前方、到处流浪时，又时时刻刻地惦念着正在远去和久已不见的家、家园和家乡。就如同一首歌唱到的那样：回家的心思，总在心头。中国古代诗歌，有许多篇幅是交给思乡之情的："日暮乡关何处是？烟波江上使人愁。"（崔颢）"近乡情更怯，不敢问来人。"（宋之问）"还顾望旧乡，长路漫浩浩。"（《涉江采芙蓉》）"家在梦中何日到，春来江上几人还？"（卢纶）"不知何处吹芦管，一夜征人尽望乡。"（李益）"未老莫还乡，还乡须断肠。"（韦庄）……那位崔颢，本可以凑足盘缠回家一趟，用不着那样伤感。然而，他深深地知道，他在心中想念的那个家，只是由家的温馨与安宁养育起来的一种抽象的感觉罢了。那个可遮风避雨的实在的家，并不能从心灵深处抹去他无家可归的感觉。他只能望着江上烟波，在心中体味一派苍凉。

这坐在车上的人们，前方到底是家还是无边的旷野呢？

❧ 写作学习 ❧

本文是为一幅摄影作品写的"摄影散文"。由摄影作品，引发对人生哲理的思考，表达对人类精神境遇深沉的悲悯之情和深切关怀。文中"一辆破旧的汽车""坐在车上的人们""手托下巴的男子"都是摄影图片中的形象。

面对一车旅人，作者一改前人"恋家""归家"的思绪与渴望，而是在"离家"上着笔，非常理性地分析了人类远行的原因，以及出走与乡愁的关系，赋予了"家"新的含义，抒写了人类对

"精神家园"的追寻。作者表面上写离家，实质是着眼于归家。

在写作方法上，本文借助于丰富的联想和想象，扩展了作品的艺术空间，增强了表现力：由一辆破旧的汽车，想到人类的离家远行，再想到人生苦旅和对"精神家园"的追寻，由此铸就了作品的思想深度；由照片上的汽车，想到钱锺书《围城》中的汽车和丰子恺笔下的汽车，将旅行中的"苦"味含蓄地抒发了出来，给以人生苦旅的形象的解读；由旅人思乡，想到崔颢等人的诗句，揭示了远行与思乡这一人类永恒的矛盾，并引申到人类对"精神家园"的追寻之苦，从而深化了主题。

乡思

宋·李觏

导读

　　此诗的一、二句从远处着笔，写诗人极目天涯时的所见所感。三、四句从近处着墨，写诗人凝视碧山的所见所感。这首诗突出了诗人归乡无计的无奈和痛苦，表达了诗人对故乡深挚浓厚的思念之情。李觏（1009—1059），北宋思想家、诗人。

人言落日是天涯，

望极天涯不见家。

已恨碧山相阻隔，

碧山还被暮云遮。

今译

　　人们都说太阳落山的地方，就是天的尽头；我竭力望遍了天涯，也没有看到我的家。

　　本来就恼恨眼前的青山遮断了我的视线，那青山还被重重暮云所密遮。

注释

- 落日：太阳落山之地。

- 天涯：天的边缘。

- 望极：望尽，极目远望。

- 碧山：这里指青山。

❧❧ **写作学习** ❧❧

　　此诗前两句写"望"，从望的感受上落笔，以落日处即天涯作衬。故乡不见，远在天涯。诗人看到了天涯的落日，却仍然望不到故乡。这两句，把思家的愁苦表现得很深刻。

　　后两句从近处着墨，写诗人凝视碧山的所见所感。第三句"已恨"句转折巧妙，既承接上句，补充说明"不见家"之由，又由前二句着眼于空间的距离转到着眼于空间的阻隔。故乡不可见，不仅因为距离遥远，还因为路途阻隔，无限感慨已在其中，令人恨恨不已。第四句再递进一层，何况眼下碧山又被暮云遮掩，凝重的压抑感更加强烈。

　　全诗四句，分四层意思，层层深入，不断推进，把思想感情发挥到极致。诗至结尾，随着时间的推移，诗人的视野由远而近、由大而小地逐步收缩，色调变化由明而暗，结构上层层递进，那乡思也就越来越浓郁，以致浓得化不开。这就突出了诗人归乡无计的无奈和痛苦，表达了诗人对故乡深挚浓厚的思念之情。

想北平

老舍

导读

　　作者老舍写《想北平》的时候，正身处他乡，远在山东教书写作，关于家乡的记忆不断地淡化，但思乡的情绪却一日浓于一日。他通过北平与巴黎的对比，深深表达了对故乡的眷恋之情。老舍（1899—1966），中国现代作家。

　　设若让我写一本小说，以北平作背景，我不至于害怕，因为我可以捡着我知道的写，而躲开我所不知道的。让我单摆浮搁地讲一套北平，我没办法。北平的地方那么大，事情那么多，我知道的真觉太少了，虽然我生在那里，一直到廿七岁才离开。以名胜说，我没到过陶然亭，这多可笑！以此类推，我所知道的那点只是"我的北平"，而我的北平大概等于牛的一毛。

　　可是，我真爱北平。这个爱几乎要说而说不出的。我爱我的母亲。怎样爱？我说不出。在我想做一件讨她老人家喜欢的事的时候，我独自微微地笑着；在我想到她的健康而不放心的时候，我欲落泪。言语是不够表现我的心情的，只有独自微笑或落泪才足以把内心揭露在外面一些来。我之爱北平也近乎这个。夸奖这个古城的某一点是容易的，可是这就把北平看得太小了。我所爱的北平不是枝枝节节的一些什么，而是整个儿与我的心灵相黏合的一段历史，一大块地方，多少风景名胜，从雨后什刹海的蜻蜓一直到我梦里的玉泉山的塔影，都积凑到一块儿，每一小的事件中有个我，我的每一思念中有个北平，这只有说不出而已。

真愿成为诗人，把一切好听好看的字都浸在自己的心血里，像杜鹃似的啼出北平的俊伟。啊！我不是诗人！我将永远道不出我的爱，一种像由音乐与图画所引起的爱。这不但是辜负了北平，也对不住我自己，因为我的最初的知识与印象都得自北平，它是在我的血里，我的性格与脾气里有许多地方是这古城所赐给的。我不能爱上海与天津，因为我心中有个北平。可是我说不出来！

伦敦，巴黎，罗马，与君士坦丁堡，曾被称为欧洲的四大"历史的都城"。我知道一些伦敦的情形；巴黎与罗马只是到过而已；君士坦丁堡根本没有去过。就伦敦、巴黎、罗马来说，巴黎更近似北平——虽然"近似"两字要拉扯得很远——不过，假使让我"家住巴黎"，我一定会和没有家一样的感到寂苦。巴黎，据我看，还太热闹。自然，那里也有空旷静寂的地方，可是又未免太旷；不像北平那样既复杂而又有个边际，使我能摸着——那长着红酸枣的老城墙！面向着积水滩，背后是城墙，坐在石上看水中的小蝌蚪或苇叶上的嫩蜻蜓，我可以快乐地坐一天，心中完全安适，无所求也无可怕，像小儿安睡在摇篮里。是的，北平也有热闹的地方，但是它和太极拳相似，动中有静。巴黎有许多地方使人疲乏，所以咖啡与酒是必要的，以便刺激；在北平，是温和的香片茶就够了。

论说巴黎的布置已比伦敦罗马匀调得多了，可是比上北平还差点事儿。北平在人为之中显出自然，几乎是什么地方既不挤得慌，又不太僻静：最小的胡同里的房子也有院子与树；最空旷的地方也离买卖街与住宅区不远。这种分配法可以算——在我的经验中——天下第一了。北平的好处不在处处设备得完全，而在它处处有空儿，可以使人自由地喘气；不在有好些美丽的建筑，而在建筑的四围都有空闲的地方，使它们成为美景。每一个城楼，每一个牌楼，都可以从老远就看见。况且在街上还可以看见北山与西山呢！

好学的，爱古物的，人们自然喜欢北平，因为这里书多古物多。我不好学，也没钱买古物。对于物质上，我却喜爱北平的花多菜多果子多。花草是费钱的玩意儿，可是此地的"草花儿"很便宜，而且家家有院子，可以花不多的钱而种一院子花，即使算不了什么，可是到底可爱呀。墙上的牵牛，墙根的靠山竹与草茉莉，是多么省钱省事而也足以招来蝴蝶呵！至于青菜，白菜，扁豆，毛豆角，黄瓜，菠菜等等，大多数是直接由城外担来而送到家门口的。雨后，韭菜叶上还往往带着雨时溅起的泥点。青菜摊子上的红红绿绿几乎有诗似的美丽。果子有不少是由西山与北山来的，西山的沙果、海棠，北山的黑枣、柿子，进了城还带着一层白霜儿呀！哼，美国的橘子包着纸；遇到北平的带霜儿的玉李，还不愧杀！

是的，北平是个都城，而能有好多自己产生的花、菜、水果，这就使人更接近了自然。从它里面说，它没有像伦敦的那些成天冒烟的工厂；从外面说，它紧连着园林、菜圃与农村。采菊东篱下，在这里，确是可以悠然见南山的；大概把"南"字变个"西"或"北"，也没有多少了不得的吧。像我这样的一个贫寒的人，或者只有在北平能享受一点清福了。

好，不再说了吧，要落泪了；真想念北平呀！

❧❧ **写作学习** ❧❧

老舍和北平，有着难以割舍的关系。老舍作为生于斯、长于斯的地道北平人，他创作的灵感大半来自北平。可以说，北平是他精神上的母亲，他从北平获得写作的素材，更获取了平和而又大气的生活趣味和文化情趣。他对北平有一种血浓于水的深厚感情，在字里行间，字字句句渗透着对它的爱，因为北平"是整个儿与我的心灵相黏合的一段历史"。

作者把爱北平比之于爱母亲的情感。那是难以言说的爱，爱到极点的爱。他把北平类比为母亲，以爱母亲这人类最朴素、真挚的感情来表达了自己对家乡的热爱。更把北平与伦敦、巴黎、罗马等欧洲名城相比，道出了自己爱北平的理由：那老城墙的古韵，老城墙下生活的安宁舒适——可以"坐在石上看水中的小蝌蚪或苇叶上的嫩蜻蜓"快乐地过一天；胡同、四合院里的绿意，风景秀丽的西山；还有那古城带来的深厚的文化底气和那丰富的物产。

《想北平》的语言通俗、纯净简洁、亲切朴实，读起来朗朗上口，丝毫没有故作之态。这种写法是为了加强作品的生活气息，使它亲切感人，也是锤炼语言的结果。作者曾说："我的文章写得那样白，那样俗，好像毫不费力，实际上，那不定改了多少遍。"（《关于文学的语言问题》）

忆老舍

梁实秋

老舍姓舒，满洲正红旗人。旗人从进关时起，在北京以征服者的姿态过着特权阶级的生活，但是到了晚清逐渐与汉人同化，而且沦为贫苦阶级。旗人冠汉姓，不足为奇。老舍原来姓什么，不知道。满人无姓，指名为姓。那么本名是什么，也不知道。老舍自己也没有解释过。我近阅崇彝著《道咸以来朝野杂记》（页四七），据说"满洲八大姓"之一是"舒穆鲁氏"，译姓舒。可能老舍姓舒，是译自舒穆鲁，并不是名字之上冠以汉姓。这是我的猜测，无关宏旨。

老舍生于前清光绪二十四年腊月二十三，就是糖瓜祭灶的那一天。他出生的地点，经胡青确实考订（见《正红旗下》附录）是在北京西城护国寺附近的小杨家胡同，以前名为"小羊圈"，后嫌其不雅而改今名，"一个顶小顶小的胡同里……一个很不体面的小院"。现在这小院的门牌是八号。据老舍自己的描写："我们住的小胡同，连轿车也进不来，一向不见经传。"（见《吐了一口气》）

又说："那里的住户都是赤贫的劳动人民，最贵重的东西不过是张大妈的结婚戒指（也许是白铜的），或李二嫂的一根银头簪。"又说："在我还是孩子的时候，我们的小胡同里……夏天佐饭的'菜'往往是盐拌小葱，冬天是腌白菜帮子，放点辣椒油。还有比我们更苦的，他们经常以酸豆汁度日。它是最便宜的东西，一两个铜板可以买很多。把所能找到的一点粮或菜叶子掺在里面，熬成稀粥，全家分而食之。从旧社会过来的卖苦力的朋友都能证明，我说的一点不假！"（见《勤俭持家》）老舍就是在这样的破落大杂院里长大的，其成分可以说是十分"普罗"的了。唯其因为他生长于贫苦之家，所以他才真正知道什么叫作贫苦，也正因为他亲自体验了贫苦生活，所以他才能写出像《骆驼祥子》那样的小说。

老舍从来不讳言其幼时之穷，时常在文章里叙说他小时候的苦况，但是他不但没有抱怨的意思，而且也从不"以贫骄人"。贫非罪，但是贫却是人的社会的病态。所以老舍的为人与作品充满对穷人的同情，希望穷人的生活能够改善，但是他并不摆出所谓"革命"的姿态。这是他的宽厚处，激烈刚肠，但是有他的分寸。他沉着，他不张牙舞爪。

我认识老舍相当的晚，他早年出版的《老张的哲学》《赵子曰》《二马》引起我注意的大部分是由于他的北平土话。以道地北平土语写文章的人，在他以前也颇有几位，例如北平的一位署名"损公"的作者，经常在《群强报》等发表连载小说，不时的印为单册发行，我们一家人都爱读，觉得亲切有味，有一点像是听相声，滑稽而多讽。老舍的小说规模大，用意深，有新文艺的气象，但是保存了不少的相声味道。土话在文学里有其特殊的地位，于形容特殊人物时以土话表达他的谈吐，特别容易显示其个性，在对话中使用土话已成为广泛使用的技巧，不过老舍的小说是从头到尾成本大套地使用土话，这就不寻常了。以土话写小说，不只是白话文学了。因为白话和土话还是有距离的。我是北平人，特别欣赏他的小说，读他的文字如见其人，一个规规矩矩的和和气气的而又窝窝囊囊的北平旗人。

家书抵万金

给女儿的信（其二）

［苏］苏霍姆林斯基

导读

　　在这封信中，苏霍姆林斯基和女儿探讨的是如何对待爱情的问题，认为思索爱情问题是"人类智慧最艰难的一页"。在他看来，"个人的幸福不仅取决于青年一代对这种伟大的智慧——爱，掌握到何种程度，而且我们全社会的美好、道德纯洁和安宁都取决于它。"苏霍姆林斯基（1918—1970），苏联著名教育家。

亲爱的女儿：

　　现在我和你能像成年人对成年人一样地彼此交谈，这是多么好啊！你已开始思索人类智慧最艰难的一页，这是多么令人高兴啊！如果所有的青年人——男人和女人都能完全了解这一点，那我们的社会将是和谐的，幸福就将成为所有人的幸福和财富。

　　个人的幸福不仅取决于青年一代对这种伟大的智慧——爱，掌握到何种程度，而且我们全社会的美好、道德纯洁和安宁都取决于它。也许，我在这里所强调的仅是我们现实生活的一个方面，也不能忽略其他方面。人能够学会建造伟大的建筑物——水电站、宫殿、宇航船和核潜艇，但是如果他没有学会真正地爱，他仍是一个野人。一个受过教育的野人比没有受过教育的野人要危险一百倍。

在我们的生活中有两方面的内容：一是个人的劳动，他的生产活动，他的社会面貌和公民创造性，他对人民和社会所应尽的责任；二是精神心理与道德审美，即家庭、孩子、父母对孩子的责任与义务以及孩子对父母的责任与义务。遗憾的是，有的人在这方面经常是一个粗鲁的人、奴隶或下流胚。

一个在精神心理和道德审美方面有缺陷的人不可能成为一个真正的公民、真正的创造者和真正的爱国主义者。显然，个人的潜力是多方面的、无限的，而且表现为一个整体：他在某些方面的优缺点，也必然反映在其他一切方面，因为一切关系、一切内在的相互影响都是有机地联系着的。

我从自己的同代人和稍大一点的女孩子那里收到了许多信，你回家来时，可以读读这些信。已经有好几千封信了，其中有的是一个人的真正哭诉，有的是忧虑地提醒人们：人类的爱情需要创造、培养，它不能以遗传学的方式，像延续后代的本能那样留给人们。

有一个17岁的姑娘，是技术学院的大学生，她讲述了这样一段经历：她认识了一个小伙子，两人很要好，也非常快乐。但是，小伙子染上了好喝酒的毛病，他变得很粗鲁，对这个女孩子说一些很粗暴的话。姑娘听后哭了，而且为此很痛苦，但是，她宽恕了这个小伙子的狂妄，实际上就是原谅了他的粗鲁行为，她说："要知道，我是爱他的。"后来发生了一件可以预料的事：姑娘怀孕了。与其说她是由于爱情而把一切给了他，不如说是由于恐惧，她害怕的是，如拒绝他的要求（这种要求说起来真可怕，但是偏偏发生了，而且多次发生了这样的事），他就要离开她，去找那些意志薄弱的好说话的姑娘……因此，姑娘对小伙子说："我们要有孩子啦！"小伙子非常惊讶，还说："怎么是我们的孩子？是你的，不是我们的！"说完之后他就走了……姑娘从此辍学，搬到另一个城市去住了，她的生活非常悲惨。

这些信对我来说就像片片炽热的、燃烧的铁片一样，在有的信中发出了绝望的心声，姑娘心慌意乱地想：他爱我，但不尊重我，怎么办？怎样使他不仅爱我，而且还要尊重我呢？

我的小女儿，你看看，我不是无缘无故地向你讲述我聪明的祖母给我讲过的故事，不是无缘无故地向你讲述什么是爱情。我要预先提醒你，要避免许多姑娘所犯过的错误，她们为此付出了沉重代价，失掉了幸福、快乐、健康，有的甚至是生命。人类的爱情不仅是美好的、忠实的、真诚的，而且是明智的、审慎的、机警的和严格要求自己的。只有这样，才能获得快乐和幸福。要记住，我的小女儿，记住在生活中不仅有美的和高尚的东西，遗憾的是还有邪恶、狡猾和卑鄙的行为。你不仅要有坦率的、善良的心肠，也应当有一颗严肃、坚强、严格要求自己和他人的心。

（世敏　寒薇　译）

苏霍姆林斯基给女儿的信，并不是真的写给自己女儿的书信，而是作为教育家的作者借由书信这种表达形式，从一个父亲的角度，对父母应如何正确地对子女进行教育，所进行的具有独特风格的教育论述与评论。每一封信都有一个教育主题。《给女儿的信》主要是论述青年人应该如何对待爱情，谈论爱情的奥秘、神圣以及所应尽的义务和责任等等。

在上面我们选读的这封信里，作者借用父亲的形象，告诉年轻的一代，人类最伟大的智慧，就是要学会爱。如果一个人在精神心理和道德审美方面有缺陷，那么他就不可能成为一个真正的公民。"人类的爱情不仅是美好的、忠实的、真诚的，而且是明智的、审慎的、机警的和严格要求自己的。只有这样，才能获得快乐和幸福。"但是，在生活中不仅有美的和高尚的东西，还有邪恶、狡猾和卑鄙的行为，因此我们也应当有一颗严肃、坚强、严格要求自己和他人的心，尽量避免去犯许多姑娘所犯过的错误。

在给女儿的另一封信里，苏霍姆林斯基还反复地强调："女人在爱情上是主宰者。她是教育男人成为真正的人的强大力量。我一千次地确信，女人的勇敢和勇气可以创造男人的精神财富、高尚的思想、美好的心灵、忠诚和信任。"如何成为爱情的主宰者呢，他告诫女性"应当吸取这一真理，即爱情是一种责任，首先是尽责任，然后才能获得快乐，包括爱情生活的幸福。而爱情的幸福在于对一个人负有很大责任"。

给儿子的信（其三）

[美] 约翰·洛克菲勒

导读

　　本文作者是约翰·洛克菲勒（1839—1937），美国第一家工业托拉斯企业的创建者，全球极有影响力的慈善家和现代慈善业的组织者。在《洛克菲勒留给儿子的三十八封信》中，真实记录了洛克菲勒创造财富神话的种种业绩。从书中人们不仅仅可以看到洛克菲勒优良的品德、卓越的经商才能，还可窥见一代巨富创造财富的谋略与秘密。本文选自其中的第三封信。

亲爱的约翰：

　　有一则寓言很有意味，也让我感触良多。那则寓言说：

　　在古老的欧洲，有一个人在他死的时候，发现自己来到一个美妙而又能享受一切的地方。他刚踏进那片乐土，就有个看似侍者模样的人走过来问他："先生，您有什么需要吗？在这里您可以拥有一切您想要的——所有美味佳肴，所有可能的娱乐以及各式各样的消遣，其中不乏妙龄美女，都可以让您尽情享用。"

　　这个人听了以后，感到有些惊奇，但非常高兴，他暗自窃喜：这不正是我在人世间的梦想吗！一整天他都在品尝佳肴美食，同时尽享美色的滋味。然而，有一天，他却对这一切感到索然无味了，于是他就对侍者说："我对这一切感到很厌烦，我需要做一些事情。你可以给我找一份工作做吗？"

他没想到，他所得到的回答却是摇头："很抱歉，我的先生，这是我们这里唯一不能为您做的。这里没有工作可以给您做。"

这个人非常沮丧，愤怒地挥动着手说："这真是太糟糕了！那我干脆就留在地狱好了！"

"那您以为，您现在是在什么地方呢？"那位侍者温和地问道。

约翰，这则很富幽默感的寓言，似乎告诉我：失去工作就等于失去快乐。但是令人遗憾的是，有些人却要在失业之后，才能体会到这一点，这真不幸！

我可以很自豪地说，我从未尝过失业的滋味，这并非我运气，而在于我从不把工作视为毫无乐趣的苦役，且能从工作中找到无限的快乐。

我认为，工作是一项特权，它带来比维持生活更多的事物。工作是所有生意的基础，所有繁荣的来源，也是天才的塑造者。工作使年轻人奋发有为，比他的父母做得更多，不管他们多么有钱。工作以最卑微的储蓄表示出来，并奠定幸福的基础。工作是增添生命味道的食盐。但人们必须先爱它，工作才能给予人最大的恩惠，使人获得最大的结果。

我初进商界时，时常听说，一个人想爬到高峰需要很多牺牲。然而，岁月流逝，我开始了解到很多正爬向高峰的人，并不是在"付出代价"。他们努力工作是因为他们真正地喜爱工作。任何行业中往上爬的人都是完全投入正在做的事情，且专心致志。衷心喜爱从事的工作，自然也就成功了。

热爱工作是一种信念。怀着这个信念，我们能把绝望的大山凿成一块希望的磐石。一位伟大的画家说得好，"痛苦终将过去，但是美丽永存"。

但有些人显然不够聪明，他们有野心，却对工作过分挑剔，一直在寻找"完美的"雇主或工作。事实是，雇主需要准时工作、诚实而努力的雇员，他只将加薪与升迁机会留给那些格外努力、格外忠心、格外热心、花更多的时间做事的雇员，因为他在经营生意，而不是在做慈善事业，他需要的是那些更有价值的人。

不管一个人的野心有多么大，他至少要先起步，才能到达高峰。一旦起步，继续前进就不太困难了。工作越是困难或不愉快，越要立刻去做。如果它等的时间越久，就变得越困难、可怕，这有点像打枪，你瞄的时间越长，击中的机会就越渺茫。

我永远也忘不了做我第一份工作——簿记员的经历，那时我虽然每天天刚蒙蒙亮就得去上班，而办公室里点着的鲸油灯又很昏暗，但那份工作从未让我感到枯燥乏味，反而很令我着迷和喜悦，连办公室里的一切繁文缛节都不能让我对它失去热情。而结果是雇主不断地为我加薪。

收入只是你工作的副产品，做好你该做的事，出色地完成你该完成的工作，理想的薪金必然会来。而更为重要的是，我们劳苦的最高报酬，不在于我们所获得的，而在于我们会因此成为什么。那些头脑活跃的人拼命劳作绝不是只为了赚钱，使他们工作热情得以持续下去的东西要比只知敛财的欲望更为高尚——他们是在从事一项迷人的事业。

老实说，我是一个野心家，从小我就想成为巨富。对我来说，我受雇的休伊特-塔特尔公司是一个锻炼我的能力、让我一试身手的好地方。它代理各种商品销售，拥有一座铁矿，还经营着两项让它赖以生存的技术，那就是给美国经济带来革命性变化的铁路与电报。它把我带进了妙趣横生、广阔绚烂的商业世界，让我学会了尊重数字与事实，让我看到了运输业的威力，更培养了我作为商人应具备的能力与素养。所有的这些都在我以后的经商中发挥了极大效能。我可以说，没有在休伊特-塔特尔公司的历练，在事业上我或许要走很多弯路。

现在，每当想起休伊特和塔特尔两位先生时，我的内心就不禁涌起感恩之情，那段工作生涯是我一生奋斗的开端，为我打下了奋起的基础，我永远对那三年半的经历感激不尽。

所以，我从未像有些人那样抱怨他的雇主，说："我们只不过是奴隶，我们被雇主压在尘土里，他们却高高在上，在他们美丽的别墅里享乐；他们的保险柜里装满了黄金，他们所拥有的每一块钱，都是压榨我们这些诚实的工人得来的。"我不知道这些抱怨的人是否想到：是谁给了你就业的机会？是谁给了你建设家庭的可能？是谁让你得到了发展自己的可能？如果你已经意识到了别人对你的压榨，那你为什么不结束压榨，一走了之？

工作是一种态度，它决定了我们快乐与否。同样都是石匠，同样在雕塑石像，如果你问他们："你在这做什么？"他们中的一个人可能就会说："你看到了嘛，我正在凿石头，凿完这块我就可以回家了。"这种人永远视工作为惩罚，在他嘴里最常吐出的一个字就是"累"。

另一个人可能会说："你看到了嘛，我正在做雕像。这是一份很辛苦的工作，但是酬劳很高。毕竟我有太太和四个孩子，他们需要温饱。"这种人永远视工作为负担，在他嘴里经常吐出来的一句话就是"养家糊口"。

第三个人可能会放下锤子，骄傲地指着石雕说："你看到了嘛，我正在做一件艺术品。"这种人永远以工作为荣，以工作为乐，在他嘴里最常吐出的一句话是"这个工作很有意义"。

天堂和地狱都是由自己建造。如果你赋予工作意义，不论工作大小，你都会感到快乐，自我设定的成绩不论高低，都会使人对工作产生兴趣。如果你不喜欢做的话，任何简单的事都会变得困难、无趣，当你叫喊着这个工作很累人时，即使你不卖力气，你也会感到精疲力竭，反之就大不相同。事情就是这样。

约翰，如果你视工作为一种乐趣，人生就是天堂；如果你视工作为一种义务，人生就是地狱。检视一下你的工作态度，那会让我们都感觉愉快。

爱你的父亲

1897年11月9日

（张占磊　译）

　　这封信谈的是工作态度的问题。有人给加了一个标题，叫《天堂与地狱比邻》。把工作视为荣誉、快乐，这样的工作就会很有意义，人生在天堂；而如果把工作视为惩罚和负担，就会只有"累"的感觉，你的人生也就只能是地狱了。

　　在这封信里，作者告诫儿子说，我们劳苦的最高报酬，不在于我们所获得的，而在于我们会因此成为什么。而选择成为什么恰恰是由我们自己决定的。是做个积极、乐观、勤奋、努力的员工，还是做一个只会抱怨、把责任推卸到其他人身上的人呢？这是每个人的一种自由选择。"热爱工作是一种信念"，怀着这种信念，我们才会做得更好，才会感到更快乐。

　　本文作者是地球上第一个亿万富翁。他是世界上最早的石油巨子，他曾通过兼并和扩张垄断了美国的石油工业，被世人称为"石油大王"。他出身贫寒，却野心勃勃，成为世界上最富有的人是他儿时的梦想。他自幼养成节俭、勤奋、诚实以及其他优良品德，这些品德连同他卓越的经商才能以及野心，帮助他建立了他庞大的商业帝国。因此，作者出于这种资本家立场对于工作的认知，是我们在阅读本文时，应该了解的一个背景。

端州江亭得家书（其一）

唐·李绅

导读

　　这是诗人所写《端州江亭得家书》诗二首中的一首，表现了诗人在收到家书时，迫不及待拆开的欣喜之情。李绅（772—846），唐代诗人，我们熟悉的"锄禾日当午，汗滴禾下土。谁知盘中餐，粒粒皆辛苦"（《悯农》）就是他的代表作。

雨中鹊语喧江树，

风处蛛丝颺水浔。

开拆远书何事喜，

数行家信抵千金。

　　雨中的喜鹊在江边树上喧闹着；风吹着蜘蛛网的丝线，在水边飘扬着。拆开远方来的书信，有什么事情这么高兴呢？几行字的家信，却抵得上千金般珍贵。

- 喧：声音大。
- 飏：飞扬，飘扬。
- 水浔：水边。

✿ **写作学习** ✿

　　端州即今广东的肇庆市，诗人在端州江边的亭阁里收到了家书。此时正值细雨微风，喜鹊在喧叫，蛛丝在飘飞，诗人对这些景象的描写，都体现了自己心中的快乐。

　　那么什么事情让他如此快乐呢？是远方来的书信中有什么值得开心的好事吗？"开拆远书何事喜"，发出这个疑问的，可能正是诗人身边送信的人。

　　送信人并不知道这是"家书"，只知是"远书"，诗人的回答是"数行家信"，也就是说，这封信里并没有什么值得高兴的好事情，不过就只有几行字而已。但这是"家信"，所以可以"抵千金"，因为家里来的消息，无论什么内容都是无比珍贵的，诗人的喜悦之情溢于言表。

家书一则

傅雷

导读

　　本文选自《傅雷家书》。《傅雷家书》是傅雷夫妇给儿子傅聪和傅敏的家信的结集，20世纪80年代出版后引起了强烈反响，之后一版再版，长销不衰。这是一部不朽的作品，充分体现了父母对儿子深沉的关怀与伟大的爱。傅雷（1908—1966），中国现代翻译家。

　　聪：为你参考起见，我特意从一本专论莫扎特的书里译出一段给你。另外还有罗曼·罗兰论莫扎特的文字，来不及译。不知你什么时候学莫扎特？萧邦在写作的taste（品味，鉴赏力）方面，极注意而且极感染莫扎特的风格。刚弹完萧邦，接着研究莫扎特，我觉得精神血缘上比较相近。不妨和杰老师商量一下。你是否可在贝多芬第四弹好以后，接着上手莫扎特？等你快要动手时，先期来信，我再寄罗曼·罗兰的文字给你。

　　从我这次给你的译文中，我特别体会到，莫扎特的那种温柔妩媚，所以与浪漫派的温柔妩媚不同，就是在于他像天使一样的纯洁，毫无世俗的感伤或是靡靡的sweetness（甜腻）。神明的温柔，当然与凡人的不同，就是达·芬奇与拉斐尔的圣母，那种妩媚的笑容绝非尘世间所有的。能够把握到什么叫作脱尽人间烟火的温馨甘美，什么叫作天真无邪的爱娇，没有一点儿拽心，没有一点儿情欲的骚乱，那么我想表达莫扎特可以"虽不中，不远矣"。你觉得如何？往往十四五岁到十六七岁的少年，特别适应莫扎特，也是因为他们童心没有受过沾染。

将来你预备弹什么近代作家，望早些安排，早些来信；我也可以供给材料。在精神气氛方面，我还有些地方能帮你忙。

我再要和你说一遍：平日来信多谈谈音乐问题。你必有许多感想和心得，还有老师和别的教授们的意见。这儿的小朋友们一个一个都在觉醒，苦于没材料。他们常来看我，和我谈天；我当然要尽量帮助他们。你身在国外，见闻既广，自己不断的在那里进步，定有不少东西可以告诉我们。同时一个人的思想是一边写一边谈出来的，借此可以刺激头脑的敏捷性，也可以训练写作的能力与速度。此外，也有一个道义的责任，使你要尽量的把国外的思潮向我们报导。一个人对人民的服务不一定要站在大会上演讲或是做什么惊天动地的大事业，随时随地，点点滴滴的把自己知道的、想到的告诉人家，无形中就是替国家播种、施肥、垦殖！孩子，你千万记住这些话，多多提笔！

黄宾虹先生于本月二十五日在杭患胃癌逝世，享寿九十二岁。以艺术家而论，我们希望他活到一百岁呢。去冬我身体不好，中间摔了一跤，很少和他通信；只是在十一月初到杭州去，连续在他家看了二天画，还替他拍了照，不料竟成永诀。听说他病中还在记挂我，跟不认识我的人提到我。我听了非常难过，得信之日，一晚没睡好。

莫扎特的作品不像他的生活，而像他的灵魂

莫扎特的作品跟他的生活是相反的。他的生活只有痛苦，但他的作品差不多整个儿只叫人感到快乐。他的作品是他灵魂的小影。这样，所有别的和谐都归纳到这个和谐，而且都融化在这个和谐中间。

后代的人听到莫扎特的作品，对于他的命运可能一点消息都得不到；但能够完全认识他的内心。你看他多么沉着，多么高贵，多么隐藏！他从来没有把他的艺术作为倾吐心腹的对象，也没有用他的艺术给我们留下一个证据，让我们知道他的苦难，他的作品只表现他长时期的耐性和天使般的温柔。他把他的艺术保持着笑容可掬和清明平静的面貌，决不让人生的考验印上一个烙印，决不让眼泪把它沾湿。他从来没有把他的艺术当作愤怒的武器，来反攻上帝；他觉得从上帝那儿得来的艺术是应当用作安慰的，而不是用作报复的。一个反抗、愤怒、憎恨的天才固然值得钦佩，一个隐忍、宽恕、遗忘的天才，同样值得钦佩。遗忘？岂止是遗忘！莫扎特的灵魂仿佛根本不知道莫扎特的痛苦；他的永远纯洁，永远平静的心灵的高峰，照临在他的痛苦之上。一个悲壮的英雄会叫道："我觉得我的斗争多么猛烈！"莫扎特对于自己所感到的斗争，从来没有在音乐上说过是猛烈的。在莫扎特最本色的音乐中，就是说不是代表他这个或那个人物的音乐，而是纯粹代表他自己的音乐中，你找不到愤怒或反抗，连一点儿口吻都听不见，连一点儿斗争的痕迹，或者只是一点儿挣扎的痕迹都找不到。G. Min（G小调）钢琴与弦乐四重奏的开场，C. Min（C小调）幻想曲的开场，甚至于安魂曲中的"哀哭"的一段，比起贝多芬的C. Min（C小调）交响乐来，又算得什么？

可是在这位温和的大师的门上，跟在那位悲壮的大师门上，同样由命运来惊心动魄地敲过几下了。但这几下的回声并没传到他的作品里去，因为他心中并没去回答或抵抗那命运的叩门，而是向它屈服了。

莫扎特既不知道什么暴力，也不知道什么叫作惶惑和怀疑，他不像贝多芬那样，尤其不像华葛耐那样，对于"为什么"这个永久的问题，在音乐中寻求答案；他不想解答人生的谜。莫扎特的朴素，跟他的温和与纯洁都到了同样的程度。对他的心灵而论，便是在他心灵中间，根本无所谓谜，无所谓疑问。

怎么！没有疑问没有痛苦吗？那末跟他的心灵发生关系的，跟他的心灵协和的，又是哪一种生命呢？那不是眼前的生命，而是另外一个生命，一个不会再有痛苦，一切都会解决了的生命。他与其说是"我们的现在"的音乐家，不如说是"我们的将来"的音乐家，莫扎特比华葛耐更其是未来的音乐家。丹纳说得非常好："他的本性爱好完全的美。"这种美只有在上帝身上才有，只能是上帝本身。只有在上帝旁边，在上帝身上，我们才能找到这种美，才会用那种不留余地的爱去爱这种美。但莫扎特在尘世上已经在爱那种美了。在许多原因中间，尤其是这个原因，使莫扎特有资格被称为超凡入圣（divine）的。

法国音乐学者Camille Bellaique（嘉密·贝莱克）著《莫扎特》

p. 111—113。

━━━━━━━ ✿❧ 写作学习 ❧✿ ━━━━━━━

在本文中，傅雷和儿子朋友似的交流着对艺术和音乐的观点及看法，态度又是那么严肃和认真，处处体现着对儿子事业上的成长所给予的帮助和指导。

为了帮助傅聪更好地学习音乐，傅雷特地翻译有关莫扎特的文章，同时还不厌其烦地翻查资料，供傅聪参考。他要求儿子写信要多谈音乐，要有感想和心得，不仅因为儿子身在国外见闻多广，而且还因为"一个人的思想是一边写一边谈出来的"。

除了这些个人的发展，傅雷还要求儿子有一种道义的责任，那是在无形的点点滴滴中对祖国和人民的随时贡献。信中只很少地提到了身边友人近况，但他却希望儿子多向他谈谈国外的见闻，借此锻炼自己的头脑和思想，做一个有责任感的人。

这样的家书，更多的是一种父子间的精神交流和事业探讨。

附在篇末的是傅雷翻译的法国音乐学家嘉密·贝莱克所著的《莫扎特》一书中的一小段，这是一篇理解莫扎特的精妙美文。

忆傅雷

杨绛

　　抗战末期、胜利前夕，钱锺书和我在宋淇先生家初次会见傅雷和朱梅馥夫妇。

　　我们和傅雷家住得很近，晚饭后经常到他家去夜谈。那时候知识分子在沦陷的上海，日子不好过，真不知"长夜漫漫何时旦"。但我们还年轻，有的是希望和信心，只待熬过黎明前的黑暗，就想看到云开日出。我们和其他朋友聚在傅雷家朴素幽雅的客厅里各抒己见，也好比开开窗子，通通空气，破一破日常生活里的沉闷苦恼。到如今，每回顾那一段灰黯的岁月，就会记起傅雷家的夜谈。

　　说起傅雷，总不免说到他的严肃。其实他并不是一味板着脸的人。我闭上眼，最先浮现在眼前的，却是个含笑的傅雷。他两手捧着个烟斗，待要放到嘴里去抽，又拿出来，眼里是笑，嘴边是笑，满脸是笑。这也许因为我在他家客厅里、坐在他对面的时候，他听着锺书说话，经常是这副笑容。傅雷只是不轻易笑；可是他笑的时候，好像在品尝自己的笑，觉得津津有味。

也许锺书是唯一敢当众打趣他的人。他家另一位常客是陈西禾同志。一次锺书为某一件事打趣傅雷，西禾急得满面尴尬，直向锺书递眼色；事后他犹有余悸，怪锺书"胡闹"。可是傅雷并没有发火。他带几分不好意思，随着大家笑了；傅雷还是有幽默的。

　　傅雷的严肃确是严肃到十分，表现了一个地道的傅雷。他自己可以笑，他的笑脸只许朋友看。在他的孩子面前，他是个不折不扣的严父。阿聪、阿敏那时候还是一对小顽童，只想赖在客厅里听大人说话。大人说的话，也许孩子不宜听，因为他们的理解不同。傅雷严格禁止他们旁听。有一次，客厅里谈得热闹，阵阵笑声，傅雷自己也正笑得高兴。忽然他灵机一动，蹑足走到通往楼梯的门旁，把门一开。只见门后哥哥弟弟背着脸并坐在门槛后面的台阶上，正缩着脖子笑呢。傅雷一声呵斥，两孩子在登登咚咚一阵凌乱的脚步声里逃跑上楼。梅馥忙也赶了上去。在傅雷前，她是抢先去责骂儿子；在儿子前，她却是挡了爸爸的盛怒，自己温言告诫。等他们俩回来，客厅里渐渐回复了当初的气氛。但过了一会儿，在笑声中，傅雷又突然过去开那扇门，阿聪、阿敏依然鬼头鬼脑并坐原处偷听。这回傅雷可冒火了，梅馥也起不了中和作用。只听得傅雷厉声呵喝，夹杂着梅馥的调解和责怪；一个孩子想是哭了，另一个还想为自己辩白。我们谁也不敢劝一声，只装作不闻不知，坐着扯谈。傅雷回客厅来，脸都气青了。梅馥抱歉地为客人换上热茶，大家又坐了一会儿辞出，不免叹口气："唉，傅雷就是这样！"

　　阿聪前年回国探亲，锺书正在国外访问。阿聪对我说："啊呀！我们真爱听钱伯伯说话呀！"去年他到我家来，不复是顽童偷听，而是做座上客"听钱伯伯说话"，高兴得哈哈大笑。可是他立即记起他严厉的爸爸，凄然回忆往事，慨叹说："唉——那时候——我们就爱听钱伯伯说话。"他当然知道爸爸打他狠，正因为爱他深，他告诉我："爸爸打得我真痛啊！"梅馥曾为此对我落泪，又说阿聪的脾气和爸爸有相似之处。她也告诉我傅雷的妈妈怎样批评傅雷。性情急躁是不由自主的，感情冲动下的所作所为，沉静下来会自己责怪，又增添自己的苦痛。梅馥不怨傅雷的脾气，只为此怜他而为他担忧；更因为阿聪和爸爸脾气有点儿相似，她既不愿看到儿子拂逆爸爸，也为儿子的前途担忧。"文化大革命"开始时，阿聪从海外好不容易和家里挂通了长途电话。阿聪只叫得一声"姆妈"，妈妈只叫得一声"阿聪"，彼此失声痛哭，到哽咽着勉强能说话的时候，电话早断了。这是母子末一次通话——话，尽在不言中，因为梅馥深知傅雷的性格，已经看到他们夫妇难逃的命运。

有人说傅雷"孤傲如云间鹤"；傅雷却不止一次在锺书和我面前自比为"墙洞里的小老鼠"——是否因为莫罗阿曾把服尔德比作"一头躲在窟中的野兔"呢？傅雷的自比，乍听未免滑稽。梅馥称傅雷为"老傅"；我回家常和锺书讲究：那是"老傅"还是"老虎"，因为据他们的乡音，"傅"和"虎"没有分别，而我觉得傅雷在家里有点儿老虎似的。他却自比为"小老鼠"！但傅雷这话不是矫情，也不是谦虚。我想他只是道出了自己的真实心情。他对所有的朋友都一片至诚。但众多的朋友里，难免夹杂些不够朋友的人。误会、偏见、忌刻、骄矜，会造成人事上无数矛盾和倾轧。傅雷曾告诉我们：某某"朋友"昨天还在他家吃饭，今天却在报纸上骂他。这种事不止一遭。傅雷讲起的时候，虽然眼睛里带些气愤，嘴角上挂着讥诮，总不免感叹人心叵测、世情险恶，觉得自己老实得可怜，孤弱得无以自卫。他满头棱角，动不动会触犯人；又加脾气急躁，止不住要冲撞人。他知道自己不善在世途上圆转周旋，他可以安身的"洞穴"，只有自己的书斋；他也像老鼠那样，只在洞口窥望外面的大世界。他并不像天上的鹤，翘首云外，不屑顾视地下的泥淖。傅雷对国计民生念念不忘，可是他也许遵循《刚第特》的教训吧？只潜身书斋，做他的翻译工作。

傅雷爱吃硬饭。他的性格也像硬米粒儿那样僵硬、干爽；软和懦不是他的美德，他全让给梅馥了。朋友们爱说傅雷固执，可是我也看到了他的固而不执，有时候竟是很随和的。他有事和锺书商量，尽管讨论得很热烈，他并不固执。他和周煦良同志合办《新语》，尽管这种事锺书毫无经验，他也不摈弃外行的意见。他有些朋友（包括我们俩）批评他不让阿聪进学校会使孩子脱离群众，不善适应社会，傅雷从谏如流，就把阿聪送入中学读书。锺书建议他临什么字帖，他就临什么字帖；锺书忽然发兴用草书抄笔记，他也高兴地学起十七帖来，并用草书抄稿子。

解放后，我们夫妇到清华大学任教。傅雷全家从昆明由海道回上海，到过天津。傅雷到北京来探望了陈叔通、马叙伦二老，就和梅馥同到我们家来盘桓三四天。当时我们另一位亡友吴晗同志想留傅雷在清华教授法语，央我们夫妇做说客。但傅雷不愿教法语，只愿教美术史。从前在上海的时候，我们曾经陪傅雷招待一位法国朋友，锺书注意到傅雷名片背面的一行法文：Critique d'Art（美术批评家）。他对美术批评始终很有兴趣。可是清华当时不开这门课，而傅雷对教学并不热心。尽管他们夫妇对清华园颇有留恋，我们也私心窃愿他们能留下，但傅雷决计仍回上海，干他的翻译工作。

　　我只看到傅雷和锺书闹过一次别扭。1954年在北京召开翻译工作会议，傅雷未能到会，只提了一份书面意见，讨论翻译问题。讨论翻译，必须举出实例，才能说明问题。傅雷信手拈来，举出许多谬误的例句；他大概忘了例句都有主人。他显然也没料到这份意见书会大量印发给翻译者参考；他拈出例句，就好比挑出人家的错来示众了。这就触怒了许多人，都大骂傅雷狂傲；有一位老翻译家竟气得大哭。平心说，把西方文字译成中文，至少也是一项极繁琐的工作。译者尽管认真仔细，也不免挂一漏万；译文里的谬误，好比猫狗身上的跳蚤，很难捉拿净尽。假如傅雷打头先挑自己的错作引子，或者挑自己几个错作陪，人家也许会心悦诚服。假如傅雷事先和朋友商谈一下，准会想得周到些。当时他和我们两地间隔，读到锺书责备他的信，气呼呼地对我们沉默了一段时间，但不久就又回复书信来往。

　　傅雷的认真，也和他的严肃一样，常表现出一个十足地道的傅雷。有一次他称赞我的翻译。我不过偶尔翻译了一篇极短的散文，译得也并不好，所以我只当傅雷是照例敷衍，也照例谦逊一句。傅雷怫然忍耐了一分钟，然后沉着脸发作道："杨绛，你知道吗？我的称赞是不容易的。"我当时颇像顽童听到校长错误的称赞，既不敢笑，也不敢指出他的错误，可是我实在很感激他对一个刚试笔翻译的人如此认真看待，而且只有自己虚怀若谷，才会过高地估计别人。

　　傅雷对于翻译工作无限认真，不懈地虚心求进。只要看他翻译的传记五种，一部胜似一部。《夏洛外传》是最早的一部。《贝多芬传》虽然动笔最早，却是十年后重译的，译笔和初译显然不同。他经常写信和我们讲究翻译上的问题，具体问题都用红笔清清楚楚录下原文。这许多信可惜都已毁了。傅雷从不自满——对工作认真，对自己就感到不满。他从没有自以为达到了他所提的翻译标准。他曾自苦译笔呆滞，问我们怎样使译文生动活泼。他说熟读了老舍的小说，还是未能解决问题。我们以为熟读一家还不够，建议再多读几家。傅雷怅然，叹恨没许多时间看书，有人爱说他狂傲，他们实在是没见到他虚心的一面。

　　1963年我因妹妹杨必生病，到上海探望。朋友中我只拜访了傅雷夫妇，梅馥告诉我她两个孩子的近况；傅雷很有兴趣地和我谈论些翻译上的问题。有个问题常在我心上而没谈。我最厌恶翻译的名字佶屈聱牙，而且和原文的字音并不相近，曾想大胆创新，把洋名一概中国化，历史地理上的专门名字也加简缩，另作"引得"或加注。我和傅雷谈过，他说"不行"。我也知道这样有许多不便，可是还想听他谈谈如何"不行"。1964年我又到上海接妹妹到北京休养，来去匆匆，竟未及拜访傅雷和梅馥。"别时容易见时难"，我年轻时只看作李后主的伤心话，不料竟是人世的常情。

　　我很羡慕傅雷的书斋，因为书斋的布置，对他的工作具备一切方便。经常要用的工具书，伸手就够得到，不用站起身。转动的圆架上，摊着几种大字典。沿墙的书橱里，排列着满满的书可供参考。书架顶上一个镜框里是一张很美的梅馥的照片。另有一张傅雷年轻时的照片，是他当年赠给梅馥的。他称呼梅馥的名字是法文的玛格丽特；据傅雷说，那是歌德《浮士德》里的玛格丽特。几人有幸福娶得自己的玛格丽特呢！梅馥不仅是温柔的妻子、慈爱的母亲、沙龙里的漂亮夫人，不仅是非常能干的主妇，一身承担了大大小小、里里外外的杂务，让傅雷专心工作，她还是傅雷的秘书，为他做卡片，抄稿子，接待不速之客。傅雷如果没有这样的好后勤、好助手，他的工作至少也得打三四成折扣吧？

　　傅雷翻译这几部传记的时候，是在"阴霾遮蔽整个天空的时期"。他要借伟人克服苦难的壮烈悲剧，帮我们担受残酷的命运。他要宣扬坚忍奋斗，敢于向神明挑战的大勇主义。可是，智慧和信念所点燃的一点光明，敌得过愚昧、褊狭所孕育的黑暗吗？对人类的爱，敌得过人间的仇恨吗？向往真理、正义的理想，敌得过争夺名位权力的现实吗？为善的心愿，敌得过作恶的力量吗？傅雷连同他忠实的伴侣，竟被残暴的浪潮冲倒、淹没。可是谁又能怪傅雷呢。他这番遭遇，对于这几部传记里所宣扬的人道主义和奋斗精神，该说是残酷的讽刺。但现在这五部传记的重版，又标志着一种新的胜利吧？读者也许会得到更新的启示与鼓励。傅雷已作古人，人死不能复生，可是被遗忘的、被埋没的，还会重新被人记忆起来，发掘出来。

我的老师

一袭青衫

琦君

导读

　　这是一篇写自己物理老师的怀旧散文，以小说化的方式，将身边的人、事、物娓娓道来，使读者在阅读时犹如翻看一张张泛黄的旧照片，温馨而亲切。琦君（1917—2006），中国台湾当代女作家。

　　我念初三时，物理老师是一位高高瘦瘦的梁先生。他第一天到课堂，就给我们一个很滑稽的印象。他穿一件淡青褪色湖绉绸长衫，本来是应当飘飘然的，却是太肥太短，就像高高挂在竹竿上。袖子本来就不够长，还要卷上一截，露出并不太白的衬褂，坐在我后排的沈琪大声地说："一定是借旁人的长衫，第一天上课来出出风头。"沈琪的一张嘴是全班最快的，喜欢挖苦人，我低头装没听见，可是全班都吃吃在笑。梁先生一双四方头皮鞋是崭新的，走路时脚后跟先着地，脚板心再拍下去，拍得地板好响。他又不坐，只是团团转，啪嗒啪嗒像跳踢踏舞似的。梁先生拿起粉笔在黑板上写了个大大的"梁"字，大声地说：

　　"我姓梁。"

"我们早知道，先生姓梁，梁山伯的梁。"大家说。沈琪又轻轻地加了一句："祝英台呢？"

　　梁先生像没听见，偏着头看了半天，忽然咧嘴笑了，露出一颗大大的金牙，看着黑板上那个"梁"字自言自语地说："今天这个字写得不好，不像我爸爸写的。"

　　全堂都哄笑起来，我也笑了。因为我听他喊爸爸那两个字，就像他还是个孩子。心想这位老师一定很孝顺，孝顺的人，一定是很和蔼的。他收敛了笑容，一双眼睛望向窗外，好像望向很远很远的地方，全堂都肃静下来。他又绕着桌子转了好几圈，才开口说："今天第一堂课，你们还没有书，下次一定要带书来，忘了带书的不许上课。"语气斩钉截铁，本来很和蔼的眼神忽然射出两道很严厉的光来。我心里就紧张起来，因为我的理科很差，如果在本校的初三毕业都过不了关，就没资格参加教育厅的毕业会考了，因此觉得梁先生对我前途关系重大，真得格外用功才好。我把背挺一下，做出很用心的样子，他忽把眼睛瞪着我问：

　　"你叫什么名字？"

　　我说了名字，他又把头一偏说："叫什么，听不清，怎么说话跟蚊虫哼似的，上黑板来写。"大家又都笑起来，我心里好气，觉得自己一直乖乖儿的，他反而盯上我，他应当盯后排的沈琪才对。沈琪却用铅笔顶我的背说："上去写嘛，写几个你的碑帖字给他看看，比他那个梁字好多了。"我不理他，大着胆子提高嗓门说："希望的希，珍珠的珍。"

　　"噢，珍珠宝贝，那你父母亲一定很宝贝你吧，要好好用功啊。"

全堂都在笑，我把头低下去，对于梁先生马上失去了好感。他打开点名册，挨个儿地认人，仿佛看一遍就认得每个人似的，嘴巴一开一合，露着微龅的金牙，闪闪发光，威严中的确透着一股土气。下课以后，沈琪就跳着对大家说："你们知不知道，世界上有一种牙齿是最土的，就像梁先生的牙，所以我给他起个外号叫'土牙'。"大家都笑着拍手同意了。沈琪是起外号专家，有个代课的图画老师姓蔡，名观亭，她就叫他"菜罐头"。他代了短短一段日子课就被她气跑了，告诉校长说永生永世不教女生了。一位教外国史的老师，一讲话就习惯地把右手握成一个圈，圈在嘴边，像吹号一般，沈琪就叫他"号兵"。他也不生气，还说当"号兵"要有准确的时间观念和责任感，是很重要的人物。但是"土牙"这个外号，就不能当着梁先生叫了，有点刻薄。国文老师说过，一个人要厚道，不可以刻薄，不可以取笑别人的缺点，叫人难堪。我们全班都很厚道，就是沈琪比较调皮，但她心眼并不坏，有时帮别人的忙，非常热心，只是有些娇惯，一阵风一阵雨的喜怒无常。

第二次上物理课时，梁先生从口袋里摸出一个小小空心玻璃人，一张橡皮膜，就把小人儿丢入桌上有白开水的玻璃杯中，蒙上橡皮膜，用手指轻轻一按，玻璃人就沉了下去，一放手又浮上来。他问："你们觉得很好玩是不是？哪个懂得这道理的举手。"级长张瑞文举手了，她站起来说明是因为空气被压，跑进了玻璃人身体里面，所以沉下去，证明空气是有重量的。梁先生点点头，却指着我说："记在笔记本上。"我坐在进门第一个位置，他就专盯我，我记下了，他把笔记本拿去看了下说："哦，文字还算清通。"大家又笑了。一个同学说："先生点对了，她是我们班上的国文大将。"梁先生看我说："国文大将？"又摇摇头："只有国文好不行，要样样事理都明白。你们知道物理是什么吗？物理就是宇宙间一切事物的道理。道理本来就存在，不是人所能创造的，聪明的科学家就是把这道理找出来，顺着道理一步步追踪它的奥秘，发明了许多东西。我们平常人就是不肯动脑筋思考，只会享现成福。现在物理课就是把科学家已经发现的道理讲给我们听，训练我们思考的能力和兴趣。天地间还有许多道理没有被发现的，所以你们每个人将来都有机会做发明家，只要肯用脑筋。"

讲完了这段话，他似笑非笑闪着亮晶晶的金牙，我一想起"土牙"的外号，觉得很滑稽，却又有点抱歉，其实又不是我给起的，只是感到梁先生实在热心教我们，不应当给起外号的。他的话说得很快，又有点模糊不清，起初听来很费力，但因为他总是一边做些有趣的实验，一边讲，所以很快就懂了。他又说："日常生活中，无时无刻不接触到万物的道理。比如用铅笔写字，用筷子夹菜，用剪刀剪东西，就有杠杆定律，支点力点重点的距离放得对就省力，否则就徒劳无功，可是我们平常哪个注意到这个道理呢？这也就是中山先生所说的知难行易。可是我们不应当只做容易的事，要去试试难的，人类才会有进步。"我们听了都很感动，他虽然是教物理，但时常连带讲到做人的道理。我们初三是全校的模范班。本来就一个个很好学的样子，对于国文老师的一言一行都佩服得五体投地，现在物理老师也使我们佩服起来了。

有一次，他解释"功"与"能"的分别时，把一本书捧在手中站着不动说："这是能，表示你有能力拿得动这本书，但一往前走产生了运送的效果，就是功。平常都说功能功能，其实是两个步骤。要产生功，必须先有能，但只有能而不利用就没有功。"他又点着我们说："你们一个个都有能，所以要用功，当然，这只是比喻啦。"说着他又闪着金牙笑得好慈祥。他怕我们笔记记不清，自己再将教过的实验画了图画，写了说明编成一套讲义，要我们仔细再看，懂得道理就不必背。但在考试的时候，大部分背功好的同学都一字不漏地背上了，发还考卷的时候，他笑得合不拢嘴说："你们只要懂，我并不要你们背，但能够背也好，会考时候，全部题目都包含在这里了。"他又看着我说："你为什么改我的句子？"

我吓一跳，原来我只是把他的白话改成文言，所有的"的"字都改"之"字，后来还加上"也""矣""耳"等语助辞，自以为文理畅顺，没想到梁先生问。可是他并没不高兴，还说："文言文确是比较简洁，我父亲也教我背了好多《古文观止》。"

"《古文观止》只是一本书，怎么说好多《古文观止》？"沈琪又嘀咕了。

"对，你说得对，沈琪。"梁先生冲她笑，一副从善如流的神情。

梁先生终年都穿蓝布长衫，冬天蓝布袍，夏天蓝布单衫，九十度的大热天都不出一滴汗。人那么瘦，长衫挂在身上荡来荡去。听说他曾得过肺病，已经好了，但讲课时偶然会咳嗽几声，他说粉笔灰吃得太多了，嗓子痒。我每一听他咳嗽，心里就会难过，因我父亲也时常咳嗽，医生说是支气管炎，梁先生会不会也是支气管炎呢？有一次，我把父亲吃的药丸瓶子拿给他看，问他是不是也可以吃这种药，他忽然把眉头皱了一下说："你父亲时常吃这药吗？"我回答是的。他停了一下说："谢谢你，我大概不用吃这种药，而且也太贵了。不过你要提醒你母亲，要特别当心父亲的身体，时常咳嗽总不大好。"看他说话的神情，那份对我父亲的关切像是异乎寻常的，我心里很感动。

我们在毕业考的前夕，每个人心情都很紧张沉重，对于课堂的清洁和安静都没以前那么注意，但为希望保持三年来一直得的冠军和学期结束时领取银盾的记录，级长总是随时提醒大家注意，可是这个希望，却因为物理课的最后一次月考而破灭了。那天梁先生把题目卷子发下来以后，就在课堂里拍着踢踏步兜圈子。大家正在专心地写，忽然听见梁先生一声怒吼："大家不许写，统统把铅笔举起来。"我们吓一大跳，不知是为什么，回头看梁先生站在墙边贴的一张纸的前面，指着纸，声色俱厉地问："是谁写的这几个字！快站起来，否则全班零分。"当时只知道那张纸是级长贴的，上面写着："各位同学如愿在暑假中去梁先生家补习数学或理化的请签名于后。"因为他知道我们班上有许多数理比较差的，会考以后，考高中以前，仍须补习，他愿义务帮忙，确确实实不要交一块钱，头一年就有同学去补习过，说梁先生教得好清楚易懂，好热心，所以我第一个就签上名，也有好多同学签了名。那么梁先生为什么那样生气呢？我实在不明白。冷场了好半天，没人回答，时间一分一秒地过去，我们心里又急又糊涂，我悄悄地问邻座同学究竟写的是什么呀？她不回答我，只是瞪了沈琪一眼，恨恨地说："谁写的快勇敢出来承认，不要害别人。"可是沈琪一声不响，跟大家一齐举着铅笔。忽然最后一排的许佩玲站起来说："梁先生，罚我好了，是我写的，请允许同学们继续考试吧。"

梁先生盯着她看了半天说："是你？"

"我一时好玩写的。太对不起梁先生了。"说着，她就哭了起来。许佩玲是我们班上品学兼优的好学生，她这次究竟在那张纸上写些什么，惹得梁先生那么冒火呢？

"好，有人承认了就好，现在大家继续写答案。"他说。

我一面写，一面心乱如麻，句子也写得七颠八倒的。下课铃一响，梁先生收齐了卷子，向许佩玲定定地看了一眼就走了。下一节是自修课，大家一齐拥到墙边去看那张纸，原来在同学签名下的空白处，歪歪斜斜地用很淡的铅笔写着："土牙，哪个高兴来补习？"大家都好惊奇，许佩玲怎么会写这样的字句？也都有点不相信，又都怪梁先生未免太凶了，许佩玲的试卷变成零分怎么办？许佩玲幽幽地说："梁先生总会给我一个补考的机会吧。"平时最喜欢大声嚷嚷的沈琪，这时却木鸡似的在位子上发愣，我本来就满心怀疑，忍不住走过去问："沈琪，你怎么一声不响？我觉得许佩玲不会写的。"沈琪忽然站起来，奔到许佩玲身边，蹲下去，哽咽地说："你为什么要代我承认？你明明知道是我写的。我太对不起你，太对不起大家了。"

"我想总要有一个人快快承认，才能让同学来得及写考卷。也是我不好，我看见了本想擦，一下子又忘了，不然就不会有这场风波了。沈琪，不要哭，没有关系的。"许佩玲拍着沈琪的肩，像个大姐姐。

我们对她代人受过的牺牲精神，都好感动，但对沈琪的忏悔痛哭，又感到很同情。级长说："沈琪，你只要快快向梁先生承认就好了，可以免去许佩玲受冤枉。"正说着，梁先生已经走过来了，他脸上一点没有生气的样子，只和气地说："同学们，我再给你们一次机会，那几个字究竟是谁写的？因为不像许佩玲的笔迹。"沈琪立刻站起来说："是我，请梁先生重重罚我好了，和许佩玲全不相干。"

梁先生的金牙笑得全都露了出来，他说："沈琪，我就知道是你搞蛋，你为什么写'土牙'两个字？你为什么不愿意补习？你的数理科并不好，我明明是免费的啊。"他又对我们说："大家放心，你们的考试不会得零分。许佩玲的卷子我已经看过了，她是一百分。"

全班都拍起手来，连眼泪还挂在脸上的沈琪都笑了。

❧❧ 写作学习 ❧❧

"一袭青衫"，是梁先生给人的第一印象，也是长留学生心底的崇高形象。文章开头用细腻的笔触，记梁先生第一天走进课堂的情景，重点写他的服饰土气、可笑，突出他清瘦、清贫、和善的形象。

文章采取了先抑后扬的写作方法：先从梁先生的外貌开始，再写学生的调皮和各种矛盾的激化，让作者对梁先生的印象并不好；后来渐次描述老师讲课不仅生动通俗，而且注意关联生活，同时融入做人的道理等，这让梁先生逐渐受到同学们的认可。

　　全文逐层写出了与梁先生交往的几件琐事，突出他高超的教学艺术与崇高的师德人品，最后成了学生特别佩服的老师之一。

顽童与绿头蝇

［意］乔万尼·莫斯卡

导读

这是一篇非常有趣味的小说。调皮捣蛋的学生哪里都有，如果把他们集中起来，他们就只会变本加厉。这样的一群孩子对学校教育的制度满不在乎，校长都差不多束手无策了，而新来的年轻老师却成功地扭转了这个局面，他是如何做到的呢？乔万尼·莫斯卡（1908—1983），意大利作家、记者。

我当时20岁，上衣胸袋里塞着一封暂任教师的聘书，忐忑不安，去到学校，要谒见校长。

"你是谁？"秘书问道，"这个时候校长只接见教师。"

"我就是新来的教师。"我说着，并向她出示聘书。

秘书一边走一边抱怨，进了校长的办公室。校长走出来，看到我就蹙眉。

"教育部在搞什么鬼？"他大声说，"我要的是个硬汉，可以彻底制服那40个小祸害。而他们却派个孩子来给我。他们会把你弄得粉身碎骨的！"

后来他觉得这样子说话可不是鼓励我的好办法，于是微笑一下，拍拍我的肩膀，用较温和的口气说："你有20岁吗？你看起来只有16岁。聘书上写的真是但丁·阿利基利学校吗？"

"上面写得清清楚楚。"我说，把聘书给他看。

"愿老天爷保佑你！"校长慨叹道，"从来没有人驾驭得住那些男孩子。40个小魔头，在他们的领袖格勒斯基之下，'武装'起来，组织起来。他们最后的教师是一位以严厉出名的老夫子。昨天他含泪走了，要求转调到别的地方。"

我们在长廊走着，两旁都是教室。

"就是这里。"校长说，在五年级丙班的门口停下来。教室里闹翻了天，满是尖叫声，铅弹掷向黑板的噼噼啪啪声，唱歌声，桌子拖前拉后声。

"我想他们正在建筑防栅。"校长说。

他捏了我的手臂一把，然后走开，这样他就什么都看不见，把我一个人留在五年级丙班教室的门口。

要不是我等待这份工作已经有一年之久，我大概会一走了之。我没有走掉，倒是开了门，走进教室。一切顿时静下来。

我充分利用这个机会关了门，走到教桌后面。40个男孩虎视眈眈望着我。

在外边，风吹动树枝，向窗子拂扫过来。

我紧握拳头，尽量抑制自己不开头，深知一作声就威势全失。我必须等待，随机应变。

那些男孩目不转睛地望着我，我以驯兽师凝视猛虎般的目光还视他们。要认出他们的领袖格勒斯基并不难。他坐在第一排，个子很小，头发剪成平头，缺了两颗牙齿，眼睛虽小但目光凶猛。他两手把一只橘子抛来抛去，望着我的眉心。

是时候了。

他大叫一声，右手紧握橘子，臂膀向后一扬，把橘子掷过来。我把头微闪，橘子在我背后的墙上砸烂了。格勒斯基没有击中目标，这可能是他初次失手。我不过把头稍微歪了一下，不让他击中而已。

格勒斯基一怒而起，手执弹弓对着我。他那红色的橡皮弹弓，装上了一个沾了唾液的小纸球。几乎就在这一刹那，其余39个男孩也站起来，用他们自己的弹弓向我瞄准。这些弹弓是用普通的橡皮筋做的，只有他们的领袖才用红橡皮筋。

一片沉寂中，气氛越来越紧张。

树枝仍然轻拂着窗子。一阵嗡嗡声传来，在沉寂中，显得更响亮。一只大绿头蝇飞进了教室。

格勒斯基两眼仍瞪着我，但也对那绿头蝇迅速瞟了几眼。其他男孩也和他一样。我知道他们内心开始有矛盾了：要对付的是这个老师，还是那只绿头蝇呢？

我很明白这只绿头蝇的吸引力有多大。我刚刚离开学校，看到一只绿头蝇，也不会完全无动于衷。

突然我说："格勒斯基（那个孩子吓了一跳，因为我竟然知道他的名字），你认为你可以用弹弓打死那只绿头蝇吗？"

"这是我的任务。"格勒斯基答道。

一时班上呢喃起来。刚才那些弹弓都对准着我，现在纷纷放下来，大家都望着格勒斯基，而他也离开了书桌，向那绿头蝇瞄准。不过那纸球砰然一声，只打中了电灯泡。绿头蝇仍逍遥自在地嗡嗡作响，活像一架飞机。

"把弹弓给我！"我说。

我嘴嚼了一块纸片，揉成球状，用格勒斯基的弹弓向那只绿头蝇瞄准。

我能否得救，我将来有没有尊严，一切就都靠这一击了。

我瞄了很久。

我对自己说：记住，从前在学校里，杀绿头蝇的本领没有人及得上你。

然后我松了橡皮筋。嗡嗡的声音戛然而止，绿头蝇坠死在我脚下。

"格勒斯基的弹弓，"我说着，回到了自己的桌子，举起那红色的橡皮筋，"就在我的手里，现在我要其他的。"

我听到有人在耳语，不过这是羡慕而非敌对的声音。他们低了头，一个一个走到我的桌前来，不消一会儿，桌子上就高高堆满了40把弹弓。

我神态自如，若无其事地说："让我们开始学动词吧！格勒斯基，到黑板前面来！"

我把粉笔抛给了他，叫他默写。

❧ **写作学习** ❧ ────────

文中"我"只是新来的"暂任"教师，校长认为"他们会把你弄得粉身碎骨的",说明一方面不信任新教师,另一方面也认为管这些学生太困难。那么这到底是一群什么样的学生呢?在校长看来,孩子们似乎已经组织起来对抗老师,再严厉的教师也没有办法。

新教师"我"到了这个班上后,立即就出现了学生集体与新教师对峙的情况,他们甚至拿着弹弓对准了老师。但新教师却以让学生头头用弹弓打死绿头蝇,暂时转移了学生的注意力,学生头头没有打中,这为新教师的出手创造了机会。接下来新教师射中了绿头蝇,学生由敌对变成了对新教师的羡慕和敬服。新教师并不是靠单纯的严厉,而是靠孩子们认可的本领,成功地获得了威信。

调皮捣蛋的孩子并不是坏孩子,他们只是需要正确的方法引导。这篇小说实际上是站在儿童本位的立场,而不是站在教育者的立场,来表现了一种对师生关系的思考。虽然学校教育中的师生关系有制度化的要求,但是,每个教师却并不是天然就具有权威,学生也并不是一定会尊重教师。学生尊重的是他们从心底信服的老师。

我的一位国文老师

梁实秋

导读

《我的一位国文老师》是梁实秋散文中写人的名篇，作者用风趣幽默而又饱含深情的笔调刻画了一个貌丑性凶但却敬业爱生的独特的老师形象。梁实秋（1902—1987），中国现代散文家、文学批评家。

我在十八九岁的时候，遇见一位国文先生，他给我的印象最深，使我受益也最多，我至今不能忘记他。

先生姓徐，名锦澄，我们给他上的绰号是"徐老虎"，因为他凶。他的相貌很古怪，他的脑袋的轮廓是有棱有角的，很容易成为漫画的对象。头很尖，秃秃的，亮亮的，脸形却是方方的，扁扁的，有些像《聊斋志异》绘图中的夜叉的模样。他的鼻子眼睛嘴好像是过分的集中在脸上很小的一块区域里。他戴一副墨晶眼镜，银丝小镜框，这两块黑色便成了他脸上最显著的特征。我常给他画漫画，勾一个轮廓，中间点上两块椭圆形的黑块，便惟妙惟肖。他的身材高大，但是两肩总是耸得高高，鼻尖有一些红，像酒糟的，鼻孔里藏着两桶清水鼻涕，不时的吸溜着，说一两句话就要用力的吸溜一声，有板有眼有节奏，也有时忘了吸溜，走了板眼，上唇上便亮晶晶的吊出两根玉箸，他用手背一抹。他常穿的是一件灰布长袍，好像是在给谁穿孝，袍子在整洁的阶段时我没有赶得上看见，余生也晚，我看见那袍子的时候即已油渍斑斑。他经常是仰着头，迈着八字步，两眼望青天，嘴撇得瓢儿似的。我很难得看见他笑，如果笑起来，是狞笑，样子更凶。

我的学校是很特殊的。上午的课全是用英语讲授，下午的课全是国语讲授。上午的课很严，三日一问，五日一考，不用功便被淘汰，下午的课稀松，成绩与毕业无关。所以每到下午上国文之类的课程，学生们便不踊跃，课堂上常是稀稀拉拉的不大上座，但教员用拿毛笔的姿势举着铅笔点名的时候，学生却个个都到了，因为一个学生不只答一声到。真到了的学生，一部分是从事午睡，微发鼾声，一部分看小说如《官场现形记》《玉梨魂》之类，一部分写"父母亲大人膝下"式的家书，一部分干脆瞪着大眼发呆，神游八表。有时候逗先生开玩笑。国文先生呢，大部分都是年高有德的，不是榜眼就是探花，再不就是举人。他们授课不过是奉行故事，乐得敷敷衍衍。在这种糟糕的情形之下，徐老先生之所以凶，老是绷着脸，老是开口就骂人，我想大概是由于正当防卫吧。

有一天，先生大概是多喝了两盅，摇摇摆摆的进了课堂。这一堂是作文，他老先生拿起粉笔在黑板上写了两个字，题目尚未写完，当然照例要吸溜一下鼻涕，就在这吸溜之际，一位性急的同学发问了："这题目怎样讲呀？"老先生转过身来，冷笑两声，勃然大怒："题目还没有写完，写完了当然还要讲，没写完你为什么就要问？……"滔滔不绝的吼叫起来，大家都为之愕然。这时候我可按捺不住了。我一向是个上午捣乱下午安分的学生，我觉得现在受了无理的侮辱，我便挺身分辩了几句。这一下我可惹了祸，老先生把他的怒火都泼在我的头上了。他在讲台上来回的踱着，吸溜一下鼻涕，骂我一句，足足骂了我一个钟头，其中警句甚多，我至今还记得这样的一句："×××！你是什么东西？我一眼把你望到底！"

这一句颇为同学们所传诵。谁和我有点争论遇到纠缠不清的时候，都会引用这一句"你是什么东西？我把你一眼望到底！"当时我看形势不妙，也就没有再多说，让下课铃结束了先生的怒骂。

但是从这一次起，徐先生算是认识我了。酒醒之后，他给我批改作文特别详尽。批改之不足，还特别的当面加以解释，我这一个"一眼望到底"的学生，居然成为一个受益最多的学生了。

徐先生自己选辑教材，有古文，有白话，油印分发给大家。《林琴南致蔡孑民书》是他讲得最为眉飞色舞的一篇。此外如吴敬恒的《上下古今谈》，梁启超的《欧游心影录》，以及张东荪的时事新报社论，他也选了不少。这样新旧兼收的教材，在当时还是很难得的开通的榜样。我对于国文的兴趣因此而提高了不少。徐先生讲国文之前，先要介绍作者，而且介绍得很亲切，例如他讲张东荪的文字时，便说："张东荪这个人，我倒和他一桌上吃过饭……"这样的话是相当的可以使学生们吃惊的，吃惊的是，我们的国文先生也许不是一个平凡的人吧，否则怎样会能够和张东荪一桌上吃过饭！

徐先生于介绍作者之后，朗诵全文一遍。这一遍朗诵可很有意思。他打着江北的官腔，咬牙切齿的大声读一遍，不论是古文或白话，一字不苟的吟咏一番，好像是演员在背台词，他把文字里的蕴藏着的意义好像都给宣泄出来了。他念得有腔有调，有板有眼，有情感，有气势，有抑扬顿挫，我们听了之后，好像是已经理会到原文的意义的一半了。好文章掷地作金石声，那也许是过分夸张，但必须可以朗朗上口，那却是真的。

徐先生之最独到的地方是改作文。普通的批语"清通""尚可""气盛言宜"，他是不用的。他最擅长的是用大墨杠子大勾大抹，一行一行的抹，整页整页的勾；洋洋千余言的文章，经他勾抹之后，所余无几了。我初次经此打击，很灰心，很觉得气短，我掏心挖肝的好容易诌出来的句子，轻轻的被他几杠子就给抹了。但是他郑重的给我解释一会儿，他说："你拿了去细细的体味，你的原文是软爬爬的，冗长，懒啦光唧的，我给你勾掉了一大半，你再读读看，原来的意思并没有失，但是笔笔都立起来了，虎虎有生气了。"我仔细一揣摩，果然。他的大墨杠子打得是地方，把虚泡囊肿的地方全削去了，剩下的全是筋骨。在这删削之间见出他的工夫。如果我以后写文章还能不多说废话，还能有一点点硬朗挺拔之气，还知道一点"割爱"的道理，就不能不归功于我这位老师的教诲。

徐先生教我许多作文的技巧。他告诉我："作文忌用过多的虚字。"该转的地方，硬转；该接的地方，硬接。文章便显着朴拙而有力。他告诉我，文章的起笔最难，要突兀矫健，要开门见山，要一针见血，才能引人入胜，不必兜圈子，不必说套语。他又告诉我，说理说至难解难分处，来一个譬喻，则一切纠缠不清的论难都迎刃而解了，何等经济，何等手腕！诸如此类的心得，他传授我不少，我至今受用。

我离开先生已将近五十年了，未曾与先生一通音讯，不知他云游何处，听说他已早归道山了。同学们偶尔还谈起"徐老虎"，我于回忆他的音容之余，不禁还怀着怅惘敬慕之意。

———————— ❦ 写作学习 ❦ ————————

本文第一段总写不能忘记国文老师的原因，交代遇见国文老师时是十八九岁，连用两个表程度的副词"最"，突出强调了国文先生在"我"记忆中的位置。

接着几段是叙写国文先生的外貌特征和行为习惯。从描述上看似有不敬不雅之处，但我们读来感觉更多的是有趣和好玩，作者实际上是以一种风趣幽默的笔调，来调侃自己所喜欢的尊长。

然后作者细写了几件小事，来表现"我"从徐先生那里所得到的好处。通过作者的描写，我们可以看到，徐先生既是一位有见识的有作为的素养极高的老师，又是一位敬业爱生的人品极高的老师。

最后一段是作者表达对徐先生的怀念，"将近五十年了"，但对先生的音容笑貌竟记得如此清晰，足见怀想之深。文末的"怅惘敬慕"是点睛之笔，"怅惘"是因为一直"未曾与先生一通音讯"且先生已不在人世，"敬慕"是因为先生出众的才华和高尚的人品。

道情·老书生

清·郑板桥

导读

　　此诗选自作者的《道情》，原作共十首，此处选读其中之一。老先生安贫乐道，在普通的平房中给学生传授古代文化知识，培养出了许多的人才。与这种生活相比较，那些当官得势的人，虽然宅邸门前仆从威风，走在路上前呼后拥，但"一朝势落"，一切都会"成春梦"，还不如老先生这样知足常乐。郑板桥（1693—1766），原名郑燮，清代画家、文学家，是"扬州八怪"重要代表人物。

老书生，白屋中，
说唐虞，道古风，
许多后辈高科中。
门前仆从雄如虎，
陌上旌旗去似龙，
一朝势落成春梦。
倒不如蓬门僻巷，
教几个小小蒙童。

老书生，在普通的平房中，说着尧舜时代的故事，讲着古代的风俗。他教的许多后辈书生，都科举高第。

那些大官，宅邸门前的仆从都像老虎一样威风。走在路上，前呼后拥的旗帜像龙一般蜿蜒离去。但如果有一天大势衰落，这一切就会像春梦一样消散。

还不如安于贫寒之家，在偏僻的小巷，教几个读书识字的儿童。

注释

- 白屋：古代指平民的住屋。因无色彩装饰，故名。

- 唐虞：是唐尧与虞舜的并称。亦指尧与舜的时代，古人以为太平盛世。

- 古风：古代的风俗习惯。

- 高科：科举高第。科举考试名次在前。

- 陌上：路上。陌，本义为东西走向的小路。

- 旌旗：旗帜。旌是羽毛指示物，旗指的是布面指示物。

- 蓬门：以蓬草为门。指贫寒之家。

- 蒙童：智识未开的儿童。亦指开始读书识字的儿童。

❧❧ 写作学习 ❧❧ ───────

作者创作《道情》时37岁，是在1729年（雍正七年）科场失意，心情压抑，感叹人生如梦，"因作《道情》以遣兴"。其后又进行了长达14年的修改，并多次书写赠友人，说明作者本人对此诗的珍视，代表了作者一生思想中的重要方面。

这首诗中的老书生，是一个在普通的平房中说着尧舜时代的故事，讲着古代的风俗的教书先生。作者把老书生稳定的平民生活，与有风险的当官生涯做了比较，认为官宦人家"一朝势落成春梦"，还不如像老书生这样"蓬门僻巷，教几个小小蒙童"。

诗中"许多后辈高科中"，说的是老书生培养出许多人才，他的许多晚辈弟子都考中了科举。但"门前仆从雄如虎，陌上旌旗去似龙"说的并不是老书生培养的学生，而是泛指那些当官得势的人，说他们眼前虽不可一世，但却隐藏着许多的风险。

这首诗表现了作者希望自己能够看淡人生，安贫乐道，知足常乐，不必过分地追求人世间的成功与辉煌。

第一个老师

洪汛涛

导读

　　本文中所写的"第一个老师"其实指的是作者从小接触到的民间文艺。民间文艺形式包括民间故事、地方戏曲、剪纸和香包等，作者认为这些都是劳动人民自己创作的群众喜闻乐见的文艺作品。洪汛涛（1928—2001），中国当代儿童文学作家、理论家。

　　我的二祖父，本来是一个种地的农民，没儿没女，却非常吝啬。积下一笔钱，买了一些田地，雇了一个长工。

　　二祖父不肯花太多的钱，所以雇了个年老又跛脚的人。这人年轻时，在炭窑里烧过炭，因为那里接触来往的人多，见闻广，阅历丰富，所以他虽然一字不识，却能滚瓜烂熟地背诵一些老古书。《三字经》《千字文》《神童诗》，他可以当歌子那样唱。

　　最使我钦佩的，是他能说许多许多神奇的故事。他看见一只公鸡，就会说公鸡的冠为什么红的故事。他看见一只水鸭，就会说水鸭的嘴为什么扁的故事。哪怕是一股风、一阵雨、一片雪花，他都会讲出许多来历和名堂来。

每当夏夜，皓月当空，我们在院子里点起赶蚊子的艾帚，他把手上的旱烟管在地上"咯咯"敲几下，一个故事就出来了。

我很爱听他讲故事。有不少故事，我听别人讲过，但到了他的嘴里，添枝加叶，变得更加精彩了。所以，我常把在别的地方听过的故事，请他再讲一遍。

冬天，外边下雨下雪，我们一些孩子，也爱捧着烤火的火笼，挤在他睡的那间柴房里，听他讲天说地，谈狐论鬼。

有时候，我们笑得直不起腰，下巴骨都痛了。有时候，我们紧张得屏住气，连地上蚂蚁爬的声音也听得见。有时候，我们害怕得浑身都起鸡皮疙瘩，毛发一根根竖了起来。有时候，我们急得直咬牙跺脚，还不自觉地大声呼叫……我虽然没有能力把这些故事用文字记述下来，但因为听的时候，注意力高度集中，所以在脑子里留下的印象很深。

那时，我除了爱听故事，还爱看戏。

在我们家乡，有我们自己的戏班。戏班里的演员，大都是邻近村庄里的农民。上台是演员，下了台就和大家一样，在家里种田耕地。那时，在戏班里，也有几个名演员。我特别喜欢看的是一个常常扮演关公的大花脸，我听二祖父家的长工说过他的故事。据说，那天戏班要上演《桃园三结义》这出戏，而这个扮关公的演员还在田里劳动，等找到他时，大家正等着他上台。这演员不慌不忙，戴上帽，披上衣，穿上靴，只画了两条黑眉，来不及抹红脸，就出场了。只见他出场一声大喊，脸就涨得血红，像抹过颜色一般，人们都管他叫"活关公"。真有没有这号事，我不知道。但有的事，我亲眼见过。戏班演《悔姻缘》这出戏，一个演员反剪双手，跪在台上，能够向后翻出一个凌空跟斗，落下仍跪在原地，使我十分佩服。因为我在家里的床上，也学着翻过，始终没能翻过来。

我才会看戏的时候，只能看这些。后来，我慢慢懂得看戏还要看戏的内容。我渐渐明白了那些戏的意义。我知道那些善良、正义、忠直、诚恳的人是好人；那些邪恶、奸诈、险毒、虚假的人是坏人。我为好人受难而潸然泪下，我为坏人遭殃而拍手称快……我从戏里，还获得了很多历史知识和生活知识。

在我们家乡，新年前几天，家家姑娘们都躲在家里刻窗花。一到年三十的晚上，家家姑娘们都要把自己所喜爱的作品贴在窗户上。窗户上贴着一张张两面红纸刻的窗花，多鲜艳好看。这天的晚上，吃过年夜饭，我总是跟着院子里的姑姑、婶婶们，上外边去观看这些优美的窗花，听人们品评谁家姑娘刻的花样最时新。我长大一些，开始向姑姑、婶婶们讨窗花。我一张张把它们夹在书本里，常常翻出来看看。再后来，我也学会了描花样，用刀刻窗花了。

到了端午节，我们家乡孩子们盛行一种"香包"。这就是用一块方木板，刨平，刻上图画，多半是传说中的人物，孙悟空啦，岳飞啦，白娘娘啦，嫦娥啦，铁拐李啦，钟馗啦，用墨印在平放的油光纸上，涂上色彩，包上菖艾之类的香料，相传孩子佩戴香包，可以避秽气。我很小时，就向大哥哥们去要，有时也到街上去买，后来，长大一些，我自己能制作了。我把自己制作的香包拿去和别人相互交换。我也在自己的家门口，摆过香包摊。那时的市价，一个铜板可买五六个香包。我用卖香包得来的铜板，又到街上去把最好的香包买回来。

我在上中学的时候，懂得这些民间故事、地方戏曲、剪纸和香包，都是劳动人民的创作，是群众喜闻乐见的民间文艺作品。

不久，我的家乡沦陷了。我为了要念书，到敌后的山区去找学校。由于日军的扫荡，学校时停时办，迁来迁去，我较长时期在山区漂泊、流浪。我有意识地在群众中搜集这些民间文艺作品。

这些民间文艺作品，使我从中获得了非常丰富的营养，对我以后的文学创作产生了很多很大的影响。当时，我是这么想的，我们的祖祖辈辈，他们世世代代创造和丰富了这些文艺作品，把它们交给了他们的孩子——我们，我们不但应该使这些作品好生生地传下去，还应该不断地创造出更多更好的作品，去交给我们的孩子。

民间文艺，是我的一位启蒙老师。

当然，我的童年有许多许多好老师。在我读过书的学校里，有着不少姓张、姓陈、姓王、姓李的老师。他们，都给了我很大的帮助，我都没有忘记他们。

但使我走上文学创作道路，使我爱上儿童文学，决心为孩子们写点什么的，便是民间文艺这位老师。

它无私地、慷慨地、热忱地，以它的最滋美的乳汁哺养了我。我深深感谢这位老师。

作者在本文中讲述自己在童年时代爱听故事和爱看戏，从身边人那里接受了民间文艺的熏陶。

作者长大后就开始有意识地收集这些民间文艺作品，并从中获得非常丰富的营养。这些民间文艺的滋养和影响，最终使作者爱上儿童文学，并走上文学创作的道路。所以作者在本文中，把民间文艺看作是他的一位启蒙老师。

作者认为，对于祖辈们创作的这些民间文艺，他不但有责任使它们好生生地传下去，还应该不断地创作出更多的更好的作品。

我的父亲洪汛涛

洪画千

　　我的父亲洪汛涛，是一位童话作家，他创作出了一部蜚声海内外的经典童话《神笔马良》以及50万字理论巨著《童话学》，这奠定了他童话大师的地位。

　　在我国，很少有人不知道童话《神笔马良》，在国际上它也享有美名，作者就是我敬爱的父亲洪汛涛。作品首次发表于《新观察》第三期（1955年2月），迄今出版业绩辉煌，据统计，全球各类图书出版物累计畅销逾千万册。《神笔马良》故事讲的是：以打柴为生的孤苦孩子马良酷爱绘画，一夜梦中得到老神仙送的一支神笔。马良用它画出的鸟，能扑扑翅膀飞上天空，用它画出的鱼，能摇摇尾巴游进水中。马良用神笔替穷人画出许多耕牛、水车、石磨等生产工具和生活用品，却断然拒绝为财主和皇帝画金银山与摇钱树。他勇敢地面对强暴者的威逼利诱，并一次又一次地把他们击败。这部童话赞扬了被压迫者坚毅、勇于抗争的精神，鞭挞了剥削者、压迫者的狡诈、贪婪，题旨十分鲜明。

为什么当时我父亲能写出这样一部优秀的《神笔马良》作品呢？这和作者所处的大时代和社会背景很有关系。

我父亲的童年是在贫困和战乱中度过的，充满了苦辣酸辛。他自幼喜欢绘画、篆刻、书法，尤其热爱文学。小时候大部分时间生活于以分销报纸为业的外祖父家。他回忆道："我的母亲也是一个劳动力，报纸一来，就紧张地工作起来。后来，我渐渐懂事了，每天报纸一来，母亲便给了我一沓报纸，我就坐在工作台一角，安静地看起报纸来。"那时候他只有6岁，还不识字，只会看图画。他说："随着年龄的增长，我每天看报'自学'，也认识了一些文字。后来，我慢慢能读一些浅近的文字作品，和一些我感兴趣的新闻通讯了。"

那时的浙江浦江，经济还很萧条，文化也不发达，整个县里没有一家书店，只有这一家"报纸分销处"。后来信息渐渐传开，上海、杭州的一些书局和印书馆，主动寄来一本本图书目录，希望能为他们经销书籍。可是，外公没有更多的资金去营销书籍了。于是，这一本本图书目录，便落到了父亲手上。他在这些目录的书名上，用彩色铅笔做上许多记号，自己最想看的用红笔画上一个圈圈。他还写好向书局邮购的书单，写好了信封，只等有了钱就寄去。

父亲说："那时候，我们这号家境不好的穷孩子，是一个铜板的零花钱也没有的，只有在过新年的时候，长辈为了图吉利，给个'红纸包'——用红纸包裹的压岁钱，可是凑起来，总也到不了一块大洋的。而且往往不等过完年，又给母亲'借'去挪作家用了。所以，我写好的好几封邮购信，从来没有一封发出去过。我十分希望能看到这些书，可是我没有。我连做梦都想。"父亲没有书看，就一遍一遍读那些图书目录。他从这些断断续续的图书目录介绍中，知道了一些古今中外的故事，其中他特别喜欢王冕的故事：王冕幼年出身贫苦，白天为人放牛，一边自学画画，晚上则到寺庙内的长明灯下读书，最后成为能诗善文的杰出学者。父亲自己生活清苦，对这样肯刻苦学习的苦孩子，格外敬佩，并处处以他为榜样，时时以此勉励自己。

父亲从小识的字多，上小学是跳级的。当时钢笔还很稀少，是颇为名贵之物。有的同学，衣服的口袋里，插着一支闪亮的钢笔，那是非常神气，叫大家羡慕的事。父亲说："童年的我，非常想有一支那样的笔，可是我没有。"一次，在城市里做事的叔父，给了他一支用过的旧钢笔。虽然这笔笔尖早已磨粗，笔杆子也漏水，一写字，中指的硬茧上全是墨水渍，有时不小心还会在衣服的口袋上滴上墨水，可写起字来还是很流畅，他仍然非常喜欢它。有一回，跳远比赛后，他回家发现这支笔不见了，急得立即赶到学校，在漆黑一片的操场沙坑里，用手翻掏，手指都擦破出血了，才找回那支笔。后来这支笔，一直跟随他走南闯北、四处流浪。童年的父亲，有一个心愿："因为我爱笔，搜集有很多笔的故事，我便想到了要写一部以笔为主线的作品。写一个少年有一支神笔所发生的一切的故事。"

抗战时期，他漂流于浙东山区，在学习写作的同时，搜集到不少民间文学和民间美术作品。这些丰富养料，不只哺育他成长，也为他后来的文学创作奠定了坚实的基础。他自己曾深情地回忆道："使我得以走上文学创作道路，使我爱上儿童文学，影响最大的，还是书和民间文艺这两位老师。它们，无私地、慷慨地、热忱地，以它们最美的乳汁，哺育我。"

父亲写《神笔马良》时，已有不短的写作历史，他生活在战乱时期底层人民之中，备尝种种艰难困苦。他的命运和国家、民族、人民的命运紧紧连在一起。由于他的这些丰富的人生阅历和个人经历，以及出于一个文学写作者的责任感，他创造出"马良"这个人物，写出了《神笔马良》这部作品。

献给母亲

浴着光辉的母亲

林清玄

导读

　　当一个母亲在公共汽车上，疼惜地护着自己的智力障碍者儿子时，作者发出了这样的感慨：一个母亲最自然和最真情的时候，是对孩子完全无私的、无我的、无条件的母爱流淌之时。林清玄（1953—2019），中国台湾当代作家。

　　在公共汽车上，看见一个母亲不断疼惜呵护智力障碍者儿子，担心着儿子第一次坐公共汽车受到惊吓。

　　"宝宝乖，别怕别怕，坐车车很安全。"——那母亲口中的宝宝，看来已经是十几岁的少年了。

　　乘客们都用非常崇敬的眼神看着那浴满爱的光辉的母亲。

　　我想到，如果人人都能用如此崇敬的眼神看自己的母亲就好了，可惜，一般人常常忽略自己的母亲也是那样充满光辉。

　　那对母子下车的时候，车内一片静默，司机先生也表现出平时少有的耐心，等他们完全下妥当了，才缓缓起步，开走。

　　乘客们都还向那对母子行注目礼，一直到他们消失于街角。

我们为什么对一个人完全无私地融入爱里会有那样庄严的静默呢？原因是我们往往难以达到那种完全融入的庄严境界。

完全地融入，是无私的、无我的、无造作的，就好像灯泡的钨丝突然接通，就会点亮而散发光辉。

就以对待孩子来说吧，智力障碍者孩子在母亲的眼中是那么天真无邪，那么值得爱怜；我们自己对待健康的孩子则是那么严苛，充满了条件，无法全心地爱怜！

但愿，我们看自己孩子的眼神也可以像那位母亲一样，完全无私融入，有一种庄严之美，充满爱的光辉。

———— ❧ 写作学习 ❧ ————

在公共汽车上，一位母亲不断疼惜呵护自己的智力障碍者儿子，这样的母爱显得格外纯粹，受到全车其他乘客的崇敬。母亲这种无条件积极关怀的行为，最直接体现了母爱的本质，使她浴满爱的光辉，令大家非常感动。

作者把大家的这种崇敬视为"对一个人完全无私地融入爱里"而产生的"那样庄严的静默"；而我们很多人在对待健康的孩子，却是那么严苛，充满了条件，无法全心地爱怜孩子，这大约就是我们平时很少像文中的母亲那样充满爱的光辉的原因。

作者在本文中表达的期待是，我们也可以像那位母亲一样，对待自己的孩子有一种完全无私的融入，有一种庄严之美，充满爱的光辉。这也告诫家长，不要按照自己的愿望，带着附加条件，去苛求孩子们。

归家

元·王冕

导读

　　母亲想念在外的儿子和孙子，称病"骗"回了儿孙。诗题为《归家》，正写出一家人其乐融融，共享天伦的情景。王冕（1287—1359），元朝著名画家、诗人。

　　　　　　我母本强健，今年说眼昏。

　　　　　　顾怜为客子，尤喜读书孙。

　　　　　　事业新灯火，桑麻旧里村。

　　　　　　太平风俗美，不用闭柴门。

　　我的母亲本来身体一直很健康，今年突然来信说眼睛昏花了。原来是顾念怜爱我这个远在他乡的游子，并且想见一见在外求学的孙子。

　　家里的事业红红火火，又有了新的收获，一家人到夜间还在燃灯畅聊，说着村里过去的陈年往事。太平的乡村里人们生活安逸和睦，晚上睡觉也不用关闭柴门。

注释

- 顾怜：顾念怜爱。
- 客子：离家在外的人。
- 事业：这里指家庭事务。
- 桑麻：桑和麻，为农家养蚕、纺织所需，后代指农作物或农事。
- 风俗：特定区域、特定人群沿革下来的风气、礼节、习惯等的总和。
- 柴门：古时用木条或树枝做成的门。

❧❧ **写作学习** ❧❧ ——

　　"我母本强健，今年说眼昏"，之前母亲的身体一直是很健康的，但诗人突然收到来自母亲的消息，说她身体出了状况。于是诗人心急火燎地赶回家里，却发现母亲好好的呢。原来呀，"顾怜为客子，尤喜读书孙"，是因为母亲太想念远在他乡的儿孙，所以使诈让儿孙都回了一趟家。诗的前两联，把母亲的思念和儿子的孝亲关切，都充分地体现了出来。

　　"事业新灯火，桑麻旧里村"，诗人回到家中，母亲并无大碍，而母亲又重见儿孙，一家人皆大欢喜。老家里的事业兴旺，大家从白天欢聚到晚上，聊着乡里那些过去的事情。接着诗人从一个点，拉开距离，俯瞰这一方乡土："太平风俗美，不用闭柴门"，这里家家户户都过着和睦安详的生活，连晚上不关柴门也不用担心盗贼。

诗人出身贫寒，幼年替人放牛，后来靠自学成才。他性格孤傲，鄙视权贵，同情底层的劳动人民，轻视功名利禄，善描写乡村田园的隐逸生活。这首诗歌，就反映了中国古代乡村生活中的幸福与美满。

读给妈妈听的诗

舒婷

导读

　　这首诗写出了诗人与母亲生死隔离的那种深沉的痛苦以及对母亲的思念。"再没有一条小路/能悄悄走进你吗？"诗人从侧面写出了母亲刚毅、以微笑面对苦难生活的性格。舒婷，1952年出生，中国当代女诗人。

你黯然神伤的琴声
　　　已从我梦中的泪弦
　　　远逝

你临熄灭的微笑
　　　犹如最后一张叶子
　　　在我雾蒙蒙的枝头
　　　颤抖不已

呵，再没有一条小路
能悄悄走进你吗？妈妈

所有波涛和星光

都在你头上永远消失

那个雷雨的下午

你的眼中印着挣扎

　　印着一株

　　羽毛蓬散的棕榈

时隔多年，我才读懂了

　　你留在窗玻璃上的字迹

　　你在被摧毁之前的满腔抗议

呵，无论风往哪边吹

都不能带去我的歌声吗？妈妈

愿所有被你宽恕过的

再次因你的宽恕审判自己

❧❧ 写作学习 ❧❧

　　这首诗是诗人思念母亲的沉重之作。母亲逝去，诗人永远无法忘却母亲痛苦挣扎的神色，也无法忘记生命之火熄灭时她留给儿女的最后那抹微笑。

　　这类诗歌涉及现实生活中平凡而又真实的母亲形象以及母女亲情。诗人从人性、亲情的角度呼唤母亲，有着对人的存在价值和存在状态的终极关怀。诗人1952年出生于福建省。1957年，在银行工作的父亲被遣送到边远的山区劳动；母亲带着儿女回到厦门老家，独自支撑着不完整的家庭。她尽量不让儿女受到风雨的摧残。母亲既柔弱又坚强的性格，深深地影响了诗人，使她有了一种对生活的独特体验。她曾说过，母亲的一部分血液在她身上循环；母亲的不幸教育了她，使她对生活采取不驯服的态度。正是因此，诗人作品中的抒情形象总是一个渴望慰藉和理解，也善于慰藉和理解别人的、温柔宁静而坚强的女性形象。所以说，诗中妈妈"黯然神伤"的原因，与诗人当时的家庭背景是分不开的。

给母亲的信

〔苏〕谢尔盖·叶赛宁

导读

　　谢尔盖·叶赛宁（1895—1925），沙俄时代与苏联早期的著名抒情诗人，一生中写过很多歌颂母爱的篇章。这首诗歌的艺术魅力在于，它用非常质朴的语言，通过一些平常的生活细节，刻画了感人至深的母亲形象。

你无恙吧，我的老妈妈？
我也平安。祝福你安康！
愿你小屋的上空常漾起
薄暮那不可言状的光亮。

常接来信说你揣着不安，
愁得你为我深深地忧伤，
还说你常穿破旧的短袄，
走到大路上去翘首张望。

每当蓝色的暮帘垂挂，
你眼前浮现同一幻象：
仿佛有人在酒馆厮打，
把芬兰刀捅进我心房。

没什么，亲人，你可放心。
这只是一场痛苦的幻梦。
我还不是那样的醉鬼。
不见你一面就把命断送。

我依旧是温柔如当年，
心里只怀着一个愿望：
尽快挣脱不安的惦念，
回到我们低矮的小房。

我会回来的，等盼来春光，
咱白色的花园枝叶绽放，
只是你别像八年前那样，
黎明时分就唤醒我起床。

别唤醒那被人提过的事，
别勾起宏愿未遂的回想，
生平我已亲自体尝过
过早的疲惫和过早的创伤。

不用教我祈祷。不必了!

无法再回到往昔的时光。

唯有你是我的救星和慰藉,

唯有你是我不可言状的光亮。

你就忘掉自己的不安吧,

可不要为我深深地忧伤。

别总穿着破旧的短袄,

走到大路上去翘首张望。

(顾蕴璞　译)

── ❧ **写作学习** ❧ ──

　　这首书信体诗《给母亲的信》,就是一首纯粹、炽热而忧伤的诗。诗中弥漫着忧郁的漂泊感,也有伤感和温暖。

　　书信体诗歌方便以对话的形式切入,真切而感人,犹如诗人就在母亲面前,诉说相思、祝福和自责。诗一开头的"你无恙吧,我的老妈妈? /我也平安。祝福你安康!",这么直白的话语,仿佛天各一方的母子就近在眼前。

　　诗人离开"低矮的小房"八年,这八年来,诗人无时不刻不在思念故乡,思念母亲,总想回到故乡,回到母亲身边,可残酷的现实却又让他无法回去。一方面，作为"乡村最后一个诗人"，叶赛宁一直排斥现代文明对乡村的破坏，在城乡文明的冲突中煎熬着；另一方面，诗人"美梦"的幻灭和"宏愿"的"未遂"，更使他与故乡和亲人渐行渐远。

而母亲是儿女一生的"慰藉"和"光亮"，支撑着背井离乡的儿女们经历成功与失败，幸福与落魄。一生都在"小房"的母亲，一生都在守望着儿女的颠簸。诗人在此中的情感是复杂而纠结的，既有温暖和抚慰，也有忧伤与歉疚。

诗歌运用了复沓的修辞手法，"走到大路上去翘首张望"这一诗句分别在第二和第九诗节中反复回环地出现，首尾呼应，对母亲的思念之情，演成了久久回旋、越来越强的主旋律。

为爱和恻隐之心而生

[苏] 马克西姆·高尔基

　　大约是1907或1908年间，在卡普里岛，斯捷凡·若罗姆斯基给我和一位保加利亚作家彼特柯·托道罗夫讲述了关于一个农村男孩的故事，这个孩子有一次偶然到了克拉科夫城，在那里迷了路。他在城里街道上转悠了很久，但怎么也走不到他所熟悉的田野。最后，当他感到这个城市缠着他不放的时候，便跪下来祈祷，然后就从桥上跳进维斯尔河里，盼望着河水会把他带到他所心爱的田野去。不过这并没有让他淹死，他摔死了。

　　谢尔盖·叶赛宁的死就使我想起了这个简短的故事。我最初看见叶赛宁是在1914年，在一个什么地方遇到他同克留耶夫。我看他像是个十五至十七岁的男孩，一头有点卷曲的浅发，穿着浅蓝色的衬衫、腰部带褶的外衣和筒上带褶的皮靴，他很像那些诗人喜欢的萨莫克什·苏德可夫斯卡娅明信片上所画的面孔全都一模一样的贵族子弟。那是夏天的一个闷人的夜晚。我们三人先沿着巴塞伊诺街走了一阵，然后穿过希米奥诺夫斯基桥，在桥上望着黑色的流水站了一会儿。不记得谈了些什么了，可能谈到了已经爆发的战争。叶赛宁给我留下的印象是：一个朴实的、有点神色不安的男孩，他自己觉得偌大一个彼得堡竟没有他可待的地方。

稍晚一点时候，当我读到他奔放洒脱、光彩夺目、真切感人的诗篇时，我简直难以置信，这就是那个故意打扮得花花绿绿的小伙子所写的，我在一天夜里曾和他站在希米奥诺夫斯基桥头，目睹过他透过牙缝向花岗岩的两岸间穿流而过的黑黝黝的天鹅绒般的河水呲着唾沫。

过了六七年，我在柏林阿·尼·托尔斯泰的寓所里见到了叶赛宁。原来那个长着一头鬈发、漂亮的小伙子只只剩下一双非常清秀的眼睛，而这双眼睛也好像在一种过于耀眼的日光下干枯了。它那不安的视线在人们脸上变幻不定地掠过，时而表现得藐视一切，向人挑衅似的，时而又表现得毫无信心，腼腆羞怯和疑虑重重。我感到，一般地说，他对人持一种不友好的态度。还可以看出来，他是个爱喝酒的人。眼睑浮肿，眼白发炎，脸上和脖子上的皮肤是灰暗的，枯萎的，就像一个很少在外面呼吸空气，而且睡眠不好的人那样。他的手总不安稳，腕部很灵活，像一个鼓手似的。他神色惊慌，心不在焉，好像一个人遗忘了什么重要的东西，却又想不起来究竟遗忘了什么。

陪他一道来的还有阿伊莎多拉·邓肯和库西可夫。

"也是一位诗人。"叶赛宁沙哑地低声介绍说。

叶赛宁身旁的库西可夫是一个举止很随便的青年人，我觉得他像是多余的。他带着吉他这种为理发师们所喜爱的乐器，但似乎并不会弹。在这次会面前几年我在舞台上就见过邓肯，当时人们把她描绘得像个神奇的人物，而一位记者甚至惊叹不已地说："她那绝妙的身体仿佛用名望的烈焰把我们都灼伤了似的。"

但是我不爱，也不懂她那随心所欲的舞蹈，而且我也不喜欢看这个女人在舞台上来回乱转。我记得，当时，她好像冷得要命，为了暖暖身子，免得冻坏，她半裸着身子奔跑，看了实在令人难受。

在托尔斯泰家里，她先吃过饭，喝过伏特加以后，也跳起了舞。舞蹈仿佛描绘了上了年纪的邓肯在同她那为荣誉与爱情所娇养出的笨重体态进行着搏斗。这些话里并没有蕴含着对一个女人的侮辱，只是说明年迈力衰真该诅咒。

大家请叶赛宁朗诵。他欣然同意了，站起来开始朗读赫罗普沙的独白。起初，受苦役者的呼号显得有点做作。

发疯的、狂怒的、浑浊的血泊！
你是什么？是死亡？

但是很快我感到，叶赛宁读得震撼人心，听着使人心情沉重得掉下泪来。我不能说他的朗读是优美的、精湛的等等，所有这些形容语都说明不了他朗读的本质。诗人的声音有点沙哑、刺耳、撕裂开似的，但好像绝没有比这能更有力地突出赫罗普沙坚石般的语言了。受苦役者一而再，再而三的请求，不止一次地通过各种语调以一种不可思议的力量、极其真挚地回响起来：

我真想见到这个人啊！

同时又出色地表露出恐怖的心情：

他在哪里？在哪里？难道他已不在人世？

简直令人不能相信，这位个子小小的人具有那么巨大的精神力量，那么完美的表达能力。他在朗诵时脸色苍白，连两耳都变得灰暗了。他并不按诗的韵律挥动两臂，这倒是应该的，因为这些诗的韵律捉摸不定，而那些坚石般的词的分量又各不相同，变幻莫测。好像他在把它们掷出去，一个掷到自己脚下，另一个掷得远远的，第三个则向他所讨厌的某一个人的脸上掷去。而所有这一切：沙哑的痛苦的声音，不准确的手势，晃动着的躯体，充满忧郁的目光——无论谁处在诗人此时此刻的境地，都会是这样的。

我请他朗读一首关于狗的诗，它的七只小狗崽被夺走还被扔到了河里。

"如果您不累的话……"

"谈诗我是不会累的。"他说，同时疑惑不解地问，"您喜欢这首关于狗的诗吗？"

我告诉他，在我看来，在俄罗斯文学中，他是头一个如此巧妙地而且以如此真挚的爱来描写动物的。

"是呵，我非常喜欢各种动物。"叶赛宁若有所思地低声说，而对我所提他是否知道克洛吉尔的《动物的天堂》的问题则没有作答，用两只手摸了摸头就开始读《狗之歌》。而当他读到最后两行的时候：

两只狗眼朝雪面默默滚落，
好像从天陨落金色的星斗。

在他的眼睛里也闪烁着滚滚的泪花。

在他读完这些诗句之后，我不由得想到，谢尔盖·叶赛宁与其说是一个人，倒不如说是自然界特意为了诗歌，为了表达无尽的"田野的悲哀"、对一切生物的爱和恻隐之心而创造出来的一个器官。手携吉他的库西可夫，舞姿翩翩的邓肯，沉寂的柏林勃兰登堡城，在这个风格独具，才华出众，造诣极深的俄罗斯诗人周围的一切，都愈益令人感到没有存在的必要了。

但他不知怎么忐忑不安地烦闷起来。他爱抚了一下邓肯，就像爱抚梁赞的姑娘一样，然后，拍了拍她的后背，提出来要走。

"到随便哪个热闹的地方去。"他说。

他们决定：晚上去明月公园。

当他们在外室穿好衣服时，邓肯便柔情地吻起男人们来。

"俄国人多好，"她深有感触地说，"这样的——嘿！真没见过……"

叶赛宁出于嫉妒，粗鲁地吵闹起来，用手在她背上打了一下，叫道：

"不许吻外人！"

我不禁想到，他之所以这样做仅是为了把周围的人称为外人。

明月公园光怪陆离的景色使叶赛宁活跃起来，他不时地发出笑声，看了一处奇景又跑到另一处去，观看着那些可敬的德国人怎样在消遣逗乐。

叶赛宁匆匆忙忙地观赏着游艺，而这种匆忙令人颇觉可疑并且暗示这样的意思：人想要看到一切是为了尽快地把它们忘掉。他在圆形售货亭前停留了一下，亭里有一种什么五色缤纷的东西来回旋转并嗡嗡作响，他突然而且急促地问我：

"您认为——我的诗——有用吗？而，一般地说，艺术，也就是说诗——有用吗？"

问题提得再恰当不过了，——没有席勒，明月公园照样有趣地存在。

但是叶赛宁没有期待别人回答自己的问题，便提出来：

"去喝酒吧。"

在餐厅广阔的凉台上坐满了欢乐的人们，他又烦闷起来了，变得心不在焉，想入非非。酒喝得没有称他的心：

"酒是酸的，而且有股烧煳羽毛的味道。请要点法国红葡萄酒。"

葡萄酒他也像完成任务似的强喝下去。他凝神向远处眺望了两三分钟。那儿，在高空，在乌云浮涌的背景上，一个女人沿着跨越池塘拉得紧紧的缆绳走着。上面一缕缕蓝色火焰照耀着她，她后面，仿佛一条条火蛇飞舞，映现在池水中，泯灭在乌云里。这几乎是美极了，但叶赛宁嘟哝着：

"人们总希望弄得更可怕些。其实，我爱看杂技。那么——您呢？"

他没有给人留下他是个骄纵、卖弄自己的人的印象，没有，他到这个说起来愉快，实际大可怀疑的地方来，是出于一种义务或"由于某种礼节"，就像不信教的人上教堂去做礼拜一样，刚一来就焦急地等待着那种他感到无动于衷的、对陌生的上帝所做的祈祷快点结束。

（岳凤麟　译）

父亲的背影

父亲坐在黑暗中

［美］杰罗姆·魏德曼

导读

　　父亲总是几小时坐在黑暗中抽烟和沉思，让"我"感到不解和担忧……这篇小说由"我"和父亲的几次对话构成，并且每一次对话几乎都是重复的，因此"我"的心理变化就是这篇小说的脉络。杰罗姆·魏德曼（1913—1998），美国著名小说家、编剧。

　　父亲有个独特的习惯，他喜欢独自一个人在黑暗中静静地坐着。有时我回家很晚，整幢房子一片漆黑。我轻轻地进了门，因为我不想吵醒我的母亲，她很容易惊醒。我踮着脚尖，走进自己的房间，在黑暗中脱下外衣，然后到厨房去喝水。我光着脚，没有一点响声。我走进厨房去，几乎撞着了父亲，他穿着睡衣，吸着烟斗，正坐在一把椅子上。

　　"哈啰，爸爸。"我说。

　　"哈啰，儿子。"

　　"你为什么还不睡觉，爸爸？"

　　"就去。"他说。

但是他仍待在那儿，我敢肯定，我睡着后很久，他仍然坐在那儿，吸着烟斗。

好些次，我在房间里读书，听见母亲收拾房间准备晚上睡觉，听见弟弟爬上床。听见姐姐走进房间，听见她梳洗时的瓶子梳子碰撞发出的响声。我继续读书，不久就觉得渴了（我要喝很多水），就到厨房里去找水喝。我已经忘了父亲，然而他却还在那儿坐着，吸烟，沉思。

"你为什么还不睡觉，爸爸？"

"就去，儿子。"

但是他没有去睡，仍然坐在那儿，吸烟，沉思。这使我担忧，我不能理解，他在想什么呢？有一次我问他：

"你在想什么，爸爸？"

"没想什么。"他说。

有一次，我让他坐在那儿，自己去睡觉。几个小时后，醒过来，我觉得渴了。走进厨房，他还在那儿！烟斗已经熄了。但他还坐着，凝视着厨房的一个角落，过了一会儿，我习惯了黑暗，拿了杯水喝了。他仍然坐着，凝视着角落，眼也不眨一下，我想他甚至不知道我进来了，我害怕起来。

"你为什么不去睡觉，爸爸？"

"就去，儿子。"他说，"不要等我。"

"但是，"我说，"你在这儿坐了好几个小时了，出了什么事？你在想什么？"

"没什么，儿子。"他说，"没什么，只是安静一会儿，就这样。"

他说话的方式让人相信，他看上去并不忧虑，声音平静，快乐。他总是这样，但是我不能理解。独自坐在黑暗中，坐在一把不舒服的椅子上，一直到深夜，能有什么安静？

究竟怎么回事？

我考虑了所有的可能性，我知道他不可能是为钱的缘故，我们的钱不太多，但是如果他是为钱而焦虑的话，他不会不说出来。也不可能是为了他的健康，他也不会对此沉默不语。也不可能是因为家里任何人的健康，我们钱少一点，但身体健康（能撞倒大树，我母亲会这样说）。到底是为什么？我恐怕不知道，却不能放下心来。

也许他想起了在古旧乡村的兄弟，或者他的母亲和两个继母，或者他的父亲。他说他们都死了。他不会像那样沉思他们，我说沉思这并不确切，他没有沉思，似乎根本就没有想，他看上去太平静了，所以显得很满足，正因为太平静，所以不能沉思。也许正如他所说的，只是安静一下，但这也似乎不可能，这使我忧心忡忡。

假如我知道他在想什么，或者我知道他想想什么，就好了。我也许不能帮助他，甚至他也可能不需要帮助。也许正如他说，只是安静一下，那至少我不用担心了。

为什么他总是坐在黑暗中？他的心智衰竭了吗？不，不可能。他只有五十三岁，而且和从前一样敏锐智慧。实际上，在任何方面，他都没有什么变化。他仍然喜欢甜菜汤，仍然首先读《时代》杂志的第二部分；他仍旧穿着有翼状护肩的衣服；他仍然认为储蓄可以拯救国家，而关税改革只是赚钱的工具。从各个角度看上去他都没有变，他甚至不比三年前显老，每个人都这样说。他们说他保养得很好，但是他眼都不眨一下，孤独地坐在黑暗中，凝视着前方，直到深夜。

如果像他所说的，只是安静一下，我会随他去。但我觉得不是这样，我想这是我所不能理解的。也许他需要帮助，但他为什么不说？为什么他不皱眉头，不哭，不笑。为什么他不干点什么？为什么他只是坐在那儿？

最后我愤怒起来。也许只是因为我的好奇心没有得到满足，也许是因为我觉得担忧，反正，我愤怒起来。

"出什么事了，爸爸？"

"没什么，儿子，什么也没有。"

但是这次我决心不让他敷衍过去。我愤怒了。

"那么为什么你独自坐在这儿，沉思到很晚？"

"这样很安静，儿子，我喜欢这样。"

我无从继续问下去，明天他还会坐在这儿，我仍然会迷惑不解，仍会担忧。可我现在不会停止追问，我愤怒了。

"那么，你在想什么，爸爸？为什么你老是坐在这儿？什么事让你心烦？你在想什么？"

"没什么让我心烦，儿子，我很好，只是想安静一下，就这些。睡觉去吧，儿子。"

怒气似乎消失了。但是依然担心，我必须得到一个答案。这似乎很傻，我有一种滑稽的感觉，除非我得到一个答案，否则我会发疯的。我仍然坚持着：

"但是你在想什么，爸爸？到底怎么回事？"

"没什么，儿子。和平常一样，没有什么特别的，和平常一样。"

我没能得到答案。

很晚了，街上很安静，屋里一团漆黑。我轻轻走上楼，跳过那些嘎嘎作响的楼梯，用钥匙开了门，踮着脚尖走进自己的房间。我脱下衣服，想起来我渴了，光着脚走进厨房。还没走进去，我就知道他坐在那儿。

我能看见他微驼的深暗的身影。他又坐在同样的一把椅子上，肘撑在膝盖上，嘴上衔着熄灭了的烟头，眼也不眨一下，凝视着前方。他似乎不知道我在那儿，不知道我进来了。我静静地站在门口，看着他。

一切都寂静不语，但是夜里充满了轻微的声响。我一动不动地站着，开始注意到那些声音。冰箱上的闹钟的嘀嗒声，在几个街区外的地方，汽车开过的低沉的"嗡嗡"声，街上被风吹起的废纸的"嗖嗖"声，像起伏不定的轻轻耳语的声音中带着一种奇异的快乐。

嗓子的干燥提醒了我，我轻快地走进厨房。

"哈啰，爸爸。"我说。

"哈啰，儿子。"他说，他的声音低沉，像梦呓一般，他动也不动地凝视着前方。

我没找到水龙头。从窗口投进来的街灯的暗淡光线，使房间似乎更黑暗了。我摸到房间中的短绳，拉亮了灯。

他一下子跳起来，好像被人猛击了一下。"怎么啦，爸爸？"我问。

"没什么，"他说，"我不喜欢灯光。"

"灯光怎么啦？"我说，"出了什么事？"

"没什么，"他说，"我不喜欢灯光。"

我关掉了灯，慢慢地喝水。我对自己说，必须安定下来，我定要弄个明白。

"你为什么不去睡觉？为什么你在黑暗中坐到这么晚？"

"这样很好，"他说，"我不能习惯电灯，当我在欧洲，还是个孩子的时候，我们没有电灯。"

我的心猛地跳了一下，很高兴又感到缓过了气来。我觉得开始明白了，我记起了他童年在奥地利的故事。我看见一脸笑容的克雷契曼和祖父一起站在酒吧柜台后面。很晚了，客人们都离开了，他还在打盹儿。我看见了烧的炭火最后的余焰。房间已经变暗了，越来越暗，我看见一个小男孩，伏在壁炉旁边一堆柴火上，明亮的眼睛一动不动地凝视着已经死灭的火焰残留下来的余迹。那个男孩就是我父亲。

我又记起那不多的几次快乐的时刻，我静静地站在门口，看着他。

"你的意思是没出什么事，爸爸？你坐在黑暗中，是因为你喜欢这样，爸爸？"我发现很难不让我的声音不高上去，像快乐的叫喊一样。

"是的，"他说，"开着灯，我不能思考。"

我放下杯子，转身回自己的房间。"晚安，爸爸。"我说。

"晚安。"他说。

接着我想起来，转过身，问："你在想什么，爸爸？"

他的声音好像是从很远的地方飘过来的，又变得平静起来。"没什么，"他柔声地说，"没什么特别的。"

（乔向东　译）

❧❧ 写作学习 ❧❧

父亲总是在黑暗中一坐几小时，每次询问和催促，都无济于事，让"我"对父亲的身体或神志状态担心。"我"试图弄清真相，而父亲只是反复以同样的话敷衍回复，这逐渐让"我"感到愤怒；最后当"我"终于解开谜团，"我"又感到了轻松和快乐。

父亲的年龄其实并不大，他身体健康，神志清楚，外表平静、快乐，没有忧虑，但为什么他总是长时间坐在黑暗中呢？一直到本文的结尾，作者才带我们理解到，黑暗中的父亲，内心充满无人理解的孤独。早年就移民异国的他，时时活在对故国和童年的回忆中，对故国和童年充满无限的怀念。

老年人有着独属于自己的内心世界，有着难以为人理解的精神需求，作为子女的一代，应该要给予关心、理解和尊重。

父亲和我

吕德安

导读

　　秋雨的间隙，就像是隔了多年；滴水的声响，像折下一枝细条般清脆；长久生活在一起的父子，没有多余的话要说。而父亲与儿子之间，却有一份肃穆而安详的气氛，那是一种难言的恩情。吕德安，1960年出生，中国当代诗人、画家。

父亲和我
我们并肩走着
秋雨稍歇
和前一阵雨
像隔了多年时光

我们走在雨和雨
的间歇里
肩头清晰地靠在一起
却没有一句要说的话

我们刚从屋子里出来

所以没有一句要说的话

这是长久生活在一起造成的

滴水的声音像折下一枝细枝条

像过冬的梅花

父亲的头发已经全白

但这近似于一种灵魂

会使人不禁肃然起敬

依然是熟悉的街道

熟悉的人要举手致意

父亲和我都怀着难言的恩情

安详地走着

＊＊ 写作学习 ＊＊

　　秋天的雨稍微歇息了一下，也就是雨才刚刚停下来。诗人和父亲"并肩走着"，却感觉和前一阵雨像是隔了多年的时光。这是因为诗人平日里和父亲在一起走路的机会不多，所以此时与父亲在一起，让诗人有了时间已经停滞的感觉，这才显得前一阵雨就像隔了多年。同时这里也有另一种时间上的隐喻，表示自己能够与父亲如此同行，已经有了时间上的距离。这句诗除了表达诗人和父亲在一起难得的幸福感受，也表达了诗人对这份幸福的珍惜。

折下一枝细枝条，会有非常清脆的声响，而水滴的滴答声，原本只有细微的声响，现在却变得清晰可闻，变得特别清脆响亮，这是因为环境的安静。诗人和父亲在一起，他们俩都"没有一句要说的话"，刚从房子里出来，日常该说的话都已经说了，暂时没有那种随时交流的想法，所以他们是在沉默的气氛中行走；诗人和父亲走在一起，内心是平静的，而四周这时是静悄悄的，于是连雨后的滴水的声音，也像折下一枝细枝条那么清脆。这里是采用了"以声衬静"的描写手法。

这首诗可以从父亲和"我""长久生活在一起"或是"久别重逢"两个方面来理解。与父亲长久生活在一起，必然会有无言的默契，这首诗就可以视作是诗人对自己生活中亲情的一种呈现与歌颂。但从诗歌表现的状态来看，它又更像是诗人与父亲久别重逢后的情景描绘——这是诗歌的另一种理解方式：诗中用了两节来隆重描绘和父亲肩并肩的行走与沉默，已经不像是一种日常行为；说父亲头发已经全白，也像是诗人在诉说一种新的发现；再者，"依然是熟悉的街道"，可以是对身边熟悉事物的陌生化观照，也可以理解为诗人是重新见到此时的街景；并且，通常是有了长时间的分离，才会出现对父子双方"难言的恩情"之觉察。所以诗中以"这是长久生活在一起造成的"来解释"我们刚从屋子里出来 / 所以没有一句要说的话"，就会给人一种时光重叠的交错感，与父亲在一起的沉默，成为记忆与现实的叠加。

忆父二首

清·宋凌云

导读

　　第一首《忆父》，是说诗人与家里断了音讯，只在梦里飞回家里看望父亲。第二首《忆父》是说诗人一直想回家看看，却因经济原因无法实现，只能苦苦地想念父亲现在的模样。宋凌云，字逸仙，清代乾隆年间女诗人，有《轩渠初集》。

一

吴树燕云断尺书，

迢迢两地恨何如？

梦魂不惮长安远，

几度乘风问起居。

二

欲归未得怅空囊，

儿女相思泪数行。

苦忆寝门双白鬓，

朝朝扶杖倚闾望。

今译

　　吴地的树，燕山的云，南北相隔，断了书信往来；两地路途遥远，思念的愁恨如何去诉说？只有梦里的魂魄，才不会担心长安有多远，有好几次随风去看望您，想知道您的生活状况。

　　想要回家，却无法实现，只因囊中羞涩，无力担负。儿女相思，只有任凭眼泪流淌。苦苦想念在老家的屋内双鬓斑白的父亲，每日只能扶着拐杖，靠在里门上遥望。

注释

- 吴树燕云：指江南吴地和北方燕地。
- 尺书：指书信。
- 迢迢：形容路途遥远。
- 梦魂：古人以为人的灵魂在睡梦中会离开肉体，故称"梦魂"。
- 惮：怕，畏惧。
- 起居：日常生活状况。
- 怅：失意。
- 空囊：指无钱的口袋。
- 寝门：内室的门。
- 倚闾：靠着里巷的门，比喻父母望子归来之心殷切。

　　古代吴地大致在今天的苏南太湖流域、浙北地区和皖南地区；燕地在古代指幽州和云州，即现在北京及其周边地区。

　　"梦魂不惮长安远"是说只有梦里的魂魄，才不会担心长安遥远。但这首诗并不是说诗人的父亲在长安城，这里只是诗人使用了一个典故，源自《世说新语》中"日近长安远"的故事。晋明帝司马绍幼年时，坐在东晋的第一位皇帝晋元帝的膝上。有人从长安来，元帝问起洛阳城的消息，不禁流下泪来。明帝问这是为什么，元帝就把现在的都城建康是从洛阳东迁而来的缘由，详细地告诉了他。然后元帝问司马绍："你认为长安和太阳哪个更远？"司马绍说："太阳更远。因为没有听说过有谁从太阳那边来。"元帝很诧异。第二天，他召集群臣宴会，把司马绍的意思告诉大家，然后又重新问司马绍。这次司马绍却回答说："太阳更近。"元帝大惊，说："为什么和你昨天的回答不一样呢？"司马绍说："举目见日，不见长安。"这个故事表现了晋明帝司马绍儿童时期的聪明、机智与善解人意。

　　"几度乘风问起居"是说好几次梦里回到了父亲身边，问候生活状况，照顾父亲。这显然是现实中无法做到的，只能在梦境中才能乘风万里回到父亲身边尽孝。这种梦中的渴望，反衬了现实中音信隔断的无奈和悲戚。

　　古代交通不便，女儿出嫁远方后，就很难再有机会和父母相聚团圆。这两首《忆父》就表现了这样的情况，从标题中，可以看出它们写的是远方的女儿对父亲的回忆和思念。从诗中我们也可以看到父女感情的深厚，这种感情，在中国古代诗歌中，是极少有表现的。

作父亲

丰子恺

导读

　　"看见好的嘴上不可说好，想要的嘴上不可说要"，大人可以这样教孩子吗？如何保护孩子的诚实，这是做大人的总面临的难题，而在物质匮乏的时代，这样的难题会表现得更为尖锐。丰子恺（1898—1975），中国现代文学家、画家、艺术教育家。

　　楼窗下的弄里远远地传来一片声音："咿哟，咿哟……"渐近渐响起来。

　　一个孩子从算草簿中抬起头来，张大眼睛倾听一会儿，"小鸡！小鸡！"叫了起来。四个孩子同时放弃手中的笔，飞奔下楼，好像路上的一群麻雀听见了行人的脚步声而飞去一般。

　　我刚才扶起他们所带倒的凳子，拾起桌子上滚下去的铅笔，听见大门口一片呐喊："买小鸡！买小鸡！"其中又混着哭声。连忙下楼一看，原来元草因为落伍而狂奔，在庭中跌了一跤，跌痛了膝盖骨不能再跑，恐怕小鸡被哥哥、姐姐们买完了轮不着他，所以激烈地哭着。我扶了他走出大门口，看见一群孩子正向一个挑着一担"咿哟，咿哟"的人招呼，欢迎他走近来。元草立刻离开我，上前去加入团体，且跳且喊："买小鸡！买小鸡！"泪珠跟了他的一跳一跳而从脸上滴到地上。

孩子们见我出来，大家回转身来包围了我。"买小鸡！买小鸡！"的喊声由命令的语气变成了请愿的语气，喊得比以前更响了。他们仿佛想把这些音蓄入我的身体中，希望它们由我的口上开出来。独有元草直接拉住了担子的绳而狂喊。

我全无养小鸡的兴趣；而且想起了以后的种种麻烦，觉得可怕。但乡居寂寥，绝对摒除外来的诱惑而强迫一群孩子在看惯的几间屋子里隐居这一个星期日，似也有些残忍。且让这个"咿哟、咿哟"来打破门庭的岑寂，当作长闲的春昼的一种点缀吧。我就招呼挑担的，叫他把小鸡给我们看看。

他停下担子，揭开前面的一笼。"咿哟，咿哟"的声音忽然放大。但见一个细网的下面，蠕动着无数可爱的小鸡，好像许多活的雪球。五六个孩子蹲集在笼子的四周，一齐倾情地叫着"好来！好来！"一瞬间我的心也屏绝了思虑而没入在这些小动物的姿态的美中，体会了孩子们对于小鸡的热爱的心情。许多小手伸入笼中，竞指一只纯白的小鸡，有的几乎要隔网捉住它。挑担的忙把盖子无情地盖上，许多"咿哟，咿哟"的雪球和一群"好来，好来"的孩子就变成了咫尺天涯。孩子们怅望笼子的盖，依附在我的身边，有的伸手摸我的袋。我就向挑担的人说话：

"小鸡卖几钱一只？"

"一块洋钱四只。"

"这样小的，要卖二角半钱一只？可以便宜些否？"

"便宜勿得，二角半钱最少了。"

他说过，挑起担子就走。大的孩子脉脉含情地目送他，小的孩子拉住了我的衣襟而连叫"要买！要买！"挑担的越走得快，他们喊得越响，我摇手止住孩子们的喊声，再向挑担的问：

"一角半钱一只卖不卖？给你六角钱买四只吧！"

"没有还价！"

他并不停步，但略微旋转头来说了这一句话，就赶紧向前面跑。"咿哟，咿哟"的声音渐渐地远起来了。

元草的喊声就变成哭声。大的孩子锁着眉头不绝地探望挑担者的背影，又注视我的脸色。我用手掩住了元草的口，再向挑担人远远地招呼：

"二角大洋一只，卖了吧！"

"没有还价！"

他说过便昂然地向前进行，悠长地叫出一声"卖——小——鸡——！"其背影便在弄口的转角上消失了。我这里只留着一个号啕大哭的孩子。

对门的大嫂子曾经从矮门上探头出来看过小鸡，这时候就拿着针线走出来，倚在门上，笑着劝慰哭的孩子，她说：

"不要哭！等一会儿还有担子挑来，我来叫你呢！"她又笑着向我说：

"这个卖小鸡的想做好生意。他看见小孩子哭着要买，越是不肯让价了。昨天坍墙圈里买的一角洋钱一只，比刚才的还大一半呢！"

我同她略谈了几句，硬拉了哭着的孩子回进门来。别的孩子也懒洋洋地跟了进来。我原想为长闲的春昼找些点缀而走出门口来的，不料讨个没趣，扶了一个哭着的孩子而回进来。庭中柳树正在骀荡的春光中摇曳柔条，堂前的燕子正在安稳的新巢上低徊软语。我们这个刁巧的挑担者和痛哭的孩子，在这一片和平美丽的春景中很不调和啊！

关上大门，我一面为元草揩拭眼泪，一面对孩子们说：

"你们大家说'好来，好来'，'要买，要买'，那人就不肯让价了！"

小的孩子听不懂我的话，继续抽噎着；大的孩子听了我的话若有所思。我继续抚慰他们：

"我们等一会儿再来买吧。隔壁大妈会喊我们的。但你们下次……"

我不说下去了。因为下面的话是"看见好的嘴上不可说好，想要的嘴上不可说要"。倘再进一步，就变成"看见好的嘴上应该说不好，想要的嘴上应该说不要"了。在这一片天真烂漫光明正大的春景中，向哪里容藏这样教导孩子的一个父亲呢？

廿二（1933）年五月二十日

❧ 写作学习 ❧

孩子们喜欢小动物，看到小鸡就惊喜而急迫地想要拥有。作为大人的父亲，本来并没有养小鸡的兴趣，但在孩子们的感染下，也

放下了自己的思虑，而欣赏起小动物姿态的美，"体会了孩子们对于小鸡的热爱的心情"。

在孩子的期盼下，父亲原是准备买几只的，可当父亲想与小商贩讨价还价时，小商贩一口价，无半点妥协的余地。父亲被这样的决绝弄得下不了台，只好放弃了购买，但孩子却在失望的情绪中"号啕大哭"。

本文的标题是"作父亲"，其意是想探讨作为父亲，面对这样的情况该如何处理。是要叫孩子们来配合讨价还价吗？作者为难的是："在这一片天真烂漫光明正大的春景中，向哪里容藏这样教导孩子的一个父亲呢？"

对于今天那些已经富裕起来的城市父母来说，可能已经不再会有这样的纠结。但是，今天也依然有许许多多为基本生存而操劳的父母，他们一样热爱自己的孩子，希望孩子的童年得到快乐。童真，不是可以用钱来计算的。这样的文章，能让今天的孩子们，理解父母的爱心吗？

人间隔膜与儿童天真的对照

赵景深

  好几年不曾看见子恺了，偶然看见《人间世》和《良友》上他的照片，不禁为之莞然；他竟留了很长的胡子，像一个庄严而又和蔼的释家。

  记得我与他相识，是1925年，那时我在充满了艺术空气的立达学园里教书，他就是这个学园的创办人。当时的同事，如朱光潜、白采、方光焘、夏丏尊、刘薰宇……都是在这个时候认识的。不过当时我与白采来往还最多，子恺和别的同事们，都很少拜访和聚首。

  一直到1928年，我才为了我自己的《中国文学小史》《童话概要》和《童话论集》请他画封画，专程去拜访了他几次。我知道他是最喜欢田园和小孩的，便买了一本描写田园和小孩最多而作风也最平和的米勒（Millet）的画集送他，还送了一盒巧克力糖给他的孩子们；这盒糖也经过我的选择，挑了一盒玻璃纸印着有一个美丽女孩的肖像的。当时我与他谈了些什么，现在已经不能回忆；但知他的态度潇洒，好像随意舒展的秋云。

后来有一次，子恺到开明书店来玩，使我很诧异的，竟完全变成另一个子恺了。他坐在藤椅上，腰身笔一样的直，不像以前那样的衔着纸烟随意斜坐；两手也垂直的俯在膝上，不像以前那样的用手指拍椅子如拍音乐的节奏；眼睛则俯下眼皮，仿佛入定的老僧，不像以前那样用含情的眸子望着来客；说起话来，也有问必答，不问不答，答时声音极低，不像以前那样的声音之有高下疾徐。是的，我也常听丏尊说："这一向子恺被李叔同迷住了！"照子恺的说法，以上的叙列就是我与他的"缘"。

李叔同是丰子恺的老师，无论在艺术上或是思想上，都是影响他最深的人。他的《缘》和《佛法因缘》都是专写李叔同的。李叔同在杭州第一师范学校教过他的木炭画，后来出家；子恺曾特地替他绘过护生画集。《两个"？"》更明白地承认他"被它们引诱入佛教中"。我们一听说佛教或基督教，就会联想到迷信上去；其实，倘若除去了那不科学的成分，这对于人世间的悲悯，恐怕是任何社会主义者思想的发动力和种子吧？

我觉得子恺的随笔，好多地方都可以与叶绍钧的《隔膜》作比较观。在描写人间的隔膜和儿童的天真这两点上，这两个作家是一样的可爱。其实这两点也只是一物的两面，愈是觉得人间的隔膜，便愈觉得儿童的天真。卢骚曾喊过"返于自然"，子恺恐怕要喊一声"返于儿童"。

子恺是怎样的写人间的隔膜呢？试看《东京某晚的事》，老太婆要求一个陌生人替她搬东西，陌生人不愿意，接连回报她两声"不高兴"，因为他是带了轻松愉快的心情出来散步的。子恺见了这事，心里就想："假如真有这样的一个世界，天下如一家，人们如家族，互相爱，互相助，共乐其生活，那时候陌路都变成家人。像某晚这老太婆的态度，并不唐突了。这是何等可憧憬的世界！"再看《楼板》，楼上的房东与楼下的房客只有授受房租的关系，此处都可以老死不通往来，真是所谓"隔重楼板隔重山"。而这"楼板"，也就是《邻人》篇中那把"很大的铁条制的扇骨"。像"肯与邻翁相对饮，隔篱呼取尽余杯"那样的诗意，是久矣夫不可复见的了。《随感五则》里的第四则写人们用下棋法谈话，最为警辟："人们谈话的时候，往往言来语去，顾虑周至，防卫严密，用意深刻，同下棋一样。我觉得太紧张，太可怕了，只得默默不语。安得几个朋友，不用下棋法来谈话，而各舒展其心灵相示，像开在太阳光中的花一样！"

或者人都是互相隔着一堵墙，如叶绍钧所说。把墙撤去的，只有儿童。子恺在《随感五则》之三里也说："我似乎看见，人的心都有包皮。这包皮的质料与重数，依各人而不同。有的人的心似乎是用单层的纱布包的，略略遮蔽一点，然而真的赤色的心的玲珑的姿态，隐约可见。有的人的心用纸包，骤见虽看不到，细细摸起来也可以摸得出，且有时还要破，露出绯红的一点来。有的人的心用铁皮包，甚至用到八重九重，那是无论如何摸不出，不会破，而真的心的姿态便无论如何不会显露了。我家的三岁的瞻瞻的心，连一层纱布都不包，我看见常是赤裸裸而鲜红的。"

子恺是怎样的写儿童的天真呢？你瞧，元草要买鸡，他就哭着要；不像大人那样明明是想买，却假装着不想买的样子。《从孩子得到的启示》中阿宝和软软都说他们自己好；不像大人那样，明明是想说自己好，也假装着谦让不说出来。

子恺又因为思想近于佛教，所以有无常、世网、护生等观念。

他觉得人世是无常的，短暂的；所以人一天天走近死亡国而毫未觉得者，只是由于把生活岁月精细的划分，年分为日，日分为时，时分为分，分分为秒，便觉得生活是一条无穷而且有趣的路了。这意见，后来屡次提到。《阿难》中云："在浩劫中，人生原只是一跳。"《大账簿》云："宇宙之大，世界之广，物类之繁，事业之多，我所经验的真不啻恒河中的一粒粒细沙。"《新年》与《渐》同意，也讲到时间划分愈细，则人也愈感到快乐。

他又觉得金钱常限制了兴趣，这或者可以说是世网。第一本随笔集的第一篇，就是《翳网》，大意说大娘舅觉得大世界样样有趣，唯一想到金钱就无趣。《从孩子得到的启示》则赞美孩子"能撤去世界事物的因果关系的网，看见事物的本身的真相"。《华瞻的日记》说华瞻看见先施公司的小汽车就一定要买，他不知道爸爸不会带钱或钱不够就不能买。

他又最爱生物，尤其是渺小的生物，可见他的仁爱之心是无微不至的。《蝌蚪》写孩子们用清水养蝌蚪，子恺恐怕蝌蚪营养不足而死，便叫孩子们倒许多泥土到水盆里去，后来还叫他们掘一个小池。《随感十三则》中有两则是怜悯被屠杀的牛和羊马。《忆儿时》对于蟹和苍蝇的残杀也认为不应该做，尤其是文人所咏叹的"秋深蟹正肥"，他们以为风雅，"倘质诸初心，杀蟹而持其螯，见蟹肥而起杀心，有什么美而值得在诗文中赞咏呢？"

照这样说来，子恺的小品里既是包含着人间隔膜和儿童天真的对照，又常有佛教的观念，似乎，他的小品文都是抽象的、枯燥的哲理了。然而不然，我想这许就是他的小品的长处。他哪怕是极端的说理，讲"多样"和"统一"这一类的美学原理，也带着抒情的意味，使人读来不觉其头痛。他不把文字故意写得很艰深，以掩饰他那实际内容的空虚。他只是平易的写去，自然就有一种美，文字的干净流利和漂亮，怕只有朱自清可以和他媲美。以前我对于朱自清的小品非常喜爱，现在我的偏嗜又加上丰子恺。聊记数页，以表示我的喜悦。

用爱唱支歌

为我唱支歌

[英]阿瑟·米尔沃德

导读

　　这是一个关于爱心的故事。爱是世界上最伟大的力量，它能使缺憾变完美，化绝望为希望，它让幸福赶走悲伤，让伟大替代平庸，让阳光融化冰雪。爱是这个世界前进的动力。正是因为人人心中有爱，才有这样一个故事。

　　在伦敦儿童医院的一个病房里，除了我儿子艾德里安，另外还有7个孩子：卡罗尔、伊丽莎白、约瑟夫、赫米亚、米里亚姆、萨利和弗雷迪亚。他们中最小的是我儿子，只有4岁；最大的是12岁的弗雷迪亚。除了伊丽莎白，他们都患有白血病，他们活在世上的日子已是屈指可数了。

　　10岁的伊丽莎白，长得非常漂亮，蓝蓝的眼睛，金色的头发，十分惹人喜爱。当我去看望我儿子时，孩子们说起伊丽莎白做完这个疗程，就要离开这里，回家去休养一个时期。他们都对她恋恋不舍。不幸的命运，使这些孩子相依为命。他们彼此分享一切，甚至分享他们的父母之爱。

伊丽莎白的耳根后做过一次手术，她的耳朵从此渐渐地聋了，病情发展得很快，再有几个月她就会失去全部的听力。她十分爱好音乐，天生有一副好嗓子，并且很有希望成为一个出色的钢琴家。但是，命运对她的安排使这一切都成了泡影。可她从未因此而抱怨过，只是在没人时，才偷偷地伤心落泪。

伊丽莎白热爱音乐胜过了世界上的一切。她爱听音乐也就像爱参加演出一样。每次，我给我儿子铺完床，她总是向我点点头，招呼我到娱乐室去。晚上的娱乐室是安静的。她坐在一张大皮椅上，让我紧挨在她的身旁，拉着我的手对我说："给我唱支歌吧。"

虽然，我没有美妙的歌喉，但只要我能哼出调来，我就不忍心拒绝她的请求。我把脸对着她，使她能看到我的嘴。我尽可能地唱得清晰些，每次总是唱两支歌来完成这次"特邀演出"。她总是那么认真地听着，享受着这并不完美的歌声。完了，她就在我的前额上飞快地落下一个吻，以示她诚挚的感谢。

其他孩子们都为她的不幸而担忧，他们很想为她做点什么而使她快乐起来。在弗雷迪亚的提议下，他们经过讨论，决定去找照管他们的护士希尔达·柯尔比。柯尔比是个高而清瘦的年轻妇女。她长得不漂亮，甚至可以说有些难看。可是孩子们以及这些孩子们的家长都十分喜欢她，孩子们都知道柯尔比是他们的好朋友。柯尔比听了孩子们的想法感到很惊讶，她大声说："你们要在三个星期后开一个音乐会来庆祝伊丽莎白11岁生日？你们一定是疯了吧！"可当她看到孩子们一个个低着头的那副丧气的样子，她又说："你们是都疯了。不过，我还是愿意帮助你们。"

柯尔比说完就来到护士值班室，给离医院不远的一个音乐学校打电话："请转告玛丽·约瑟夫修女，"她对那儿的值班员说，"告诉她晚上在家等着，希尔达·柯尔比有要紧事找她。"

一下班她就开车去了音乐学校。她的朋友玛丽·约瑟夫修女是那儿的音乐教师。

见到玛丽，柯尔比开口就问："有没有可能在三星期内，使一些从未受过音乐训练的孩子单独地开个音乐会？"

"完全可能，"玛丽说，"这不仅只是可能，而且完全可以。"

"太谢谢你了，玛丽修女，"柯尔比高声叫道，"我就知道你一定能帮我的忙。"

"等等，柯尔比，你先别谢我，我总得知道是怎么回事吧？"

20分钟后，在音乐学校外的岔路口，柯尔比向玛丽道别："不管怎么说，真是太谢谢你了！"

柯尔比回到医院。当伊丽莎白像往常一样去接受治疗时，柯尔比把事情经过告诉了孩子们。"她叫什么？"弗雷迪亚不相信地问，"他到底是个男的还是女的？他怎么叫玛丽·约瑟夫？"

"她是个修女，弗雷迪亚。她在伦敦的一所最好的音乐学校里当老师。听她的一堂课得付两个几尼呢。不过她可是免费帮你们排练的。"

事情就这样定了。在玛丽修女的指导下，每天，当伊丽莎白去接受治疗时，孩子们就开始练习。但怎样使9岁的约瑟夫也能参加这次音乐会成了大问题，因为他的声带刚动过手术，发不出声来，可又不能把他落下。

当注意到约瑟夫看见别人都分到了一部分唱段而露出的那种渴望的眼神时，玛丽就对他说："约瑟夫，我相信真主一定要让你在这次音乐会中用一种特殊的方式帮助我。你和我的名字一样，都叫约瑟夫。你就坐在我身旁帮我翻乐谱吧。"

约瑟夫的眼睛亮了一下，但立刻又含满了眼泪。他在一张纸条上歪歪扭扭地写下一行字："玛丽修女，我不识谱。"

玛丽微笑着坐到这位焦急的孩子的身旁。"别难过，约瑟夫，"她安慰着他，"你会看懂的，主和我都会帮助你的。"

简直难以相信，不出三个星期，玛丽修女和柯尔比就把这些没有一点音乐天分的濒临死亡的孩子们，训练得能开一个像样的音乐会了，并使一个既不能说又不能唱的孩子，成了一个熟练的翻谱手。

同样使人惊奇的是，这个秘密居然保守得很好。当伊丽莎白在她生日的那天下午，坐着轮椅来到医院的小教堂时，她感到非常惊讶。她那可爱的脸庞因兴奋而涨得通红。她向前倾着身子，忘情地听着。

听众们——10位家长，3个护士——坐在离舞台几英尺远的地方，他们难以看清孩子们的脸，可他们却能清楚地听到孩子们唱的那些深受伊丽莎白喜爱的、有些走了调的歌曲。音乐会开得非常成功。伊丽莎白说这是她所过的生日中最愉快的一个。孩子们也因此感到骄傲与幸福。约瑟夫激动得流出了眼泪。我敢说，我们中也一定有许多人流了泪。人们对这些孩子们所受的精神折磨、肉体痛苦、死亡的威胁寄予了深切的同情；但是，更使人们为之感动的是：孩子们对生活充满了信心和希望，以及他们所表现出来的那种不屈不挠的精神——毅力和勇气！

我没有这次音乐会的节目单，也写不出激动人心的好文章。然而，我却要说，我从来未曾听到过，也不可能再次听到比这更美的音乐了。只要一闭上眼睛，我就能清楚地听到那次音乐会上的每一个音符。

许多年过去了，这6个孩子清脆的童音早已平静了。音乐会上的7个孩子——6位歌手和那个翻乐谱的约瑟夫——都已长眠了。但是，我敢肯定，已经结婚并正在哺育着她自己金发碧眼的小女儿的伊丽莎白，一定还会记得那七个孩子的歌声，因为这是她失去听力前，所听到的这个世界上最后的也是最美的声音。

（寒冰　译）

━━━━━ ❀ 写作学习 ❀ ━━━━━

故事一开始，作者告诉我们一个悲惨的事实：儿子所在的医院里面，7个孩子都身患绝症，而美丽的小女孩伊丽莎白虽然既有音乐天赋又热爱音乐，但是命运却跟她开了个残酷的玩笑，使她失去了听力。于是成全小伊丽莎白对音乐的热爱，成了大人和孩子们的心愿。在爱心这种伟大的力量的驱使下，孩子们只用了不到三个星期的训练时间，就在伊丽莎白11岁生日那天开了一场非常成功的音乐会，以至于很多年以后，在那些当年用自己生命歌唱的孩子们都早已长眠之时，作者还一闭眼就能清楚地听到那次音乐会的每一个音符。

生活中不能没有歌声，这是我们常说的话。这歌声可以理解为实的音乐，也可以理解为虚的美好和快乐。而文章的标题《为我唱支歌》，既是实，也是虚，是二者的结合，实的是音乐，虚的是唱歌所代表的爱心的付出。音乐是有力量的。作者描写自己给伊丽莎白唱歌的情景的细节，是很感人的，更感人的是描写孩子们开音乐会的一段。好像荆棘鸟一样，虽然孩子们的一生是那么短暂，但他们用全部生命唱出了最后也是最美的歌声，永远地留在当时每一个听众的记忆里。

本文作者的写法是值得学习的。开头作者仿佛是在说前一阵子的事情，但结尾他突然将时间拉远，告诉我们这是很多年后的回忆，并且交代了孩子们最终的命运。这样的写法，既简洁又很巧妙。

留在我心深处的温馨

〔美〕玫琳凯·艾施

导读

　　拥有美丽心灵的小男孩，一心想让弟弟更加快乐与幸福。这样纯洁而善良的心灵感染着保罗，同时也会感染许许多多的人。被净化的心灵又去净化更多的善良人，使得我们这个世界越来越美好。玫琳凯·艾施（1918—2001），美国玫琳凯企业创始人，作品有《玫琳凯自传》《我心深处》《你拥有一切》等。

　　圣诞节快到了。在这美好的时节，我们的心中总是充满了爱、喜悦及感恩之情。我希望每一个人在整年当中，都能时时保持圣诞节的心情。你希望别人怎样待你，你也要怎样待别人。

　　有一个很好的故事，叫作"最美好的礼物"，你们是否听过呢？从前有一个人叫保罗，有一年他的哥哥送他一辆新车作为圣诞节礼物。圣诞节前一天，保罗从他的办公室出来时，看到街上一名男孩在他闪亮的新车旁边走来走去，触摸它，并露出美慕的眼神。保罗吃惊地看着这个男孩，因为有一件奇妙的事情正在发生。小男孩抬起头来，问道："先生，这是你的车吗？"

"是啊，"保罗说，"我哥哥送给我的圣诞节礼物。"

小男孩回答道："你的意思是说，这是你哥哥给你的，而你不用花一毛钱？"

保罗点点头。小男孩说："哇，我希望……"

保罗认为他知道小男孩希望的是什么，他希望也能有一个那样的哥哥。但小男孩说的话让保罗感到非常惊讶。"我希望，"小男孩接着说，"我希望我也能当一个那样的哥哥。"

保罗深受感动地看着那个男孩，然后他问："要不要坐我的新车去兜风？"

小男孩惊喜万分地答应了。逛了一会儿之后，小男孩转身向保罗说："先生，能不能麻烦你把车开到我家前面？"

保罗微微一笑，因为他认为他知道小男孩为什么想把车开到他家前面，他想让邻居看到他坐一辆又大又漂亮的车子回家。但保罗这次又错了。

"能不能麻烦你停在那两个台阶那里？"到了小男孩的住处后，小男孩三步并作两步地跑上台阶，进入屋内。不一会儿他回来了，并带着他那因患小儿麻痹症而跛脚的弟弟。他把弟弟安置在下面那层台阶上，然后紧靠着他坐下。

他指着那辆车子说："看到了吗，弟弟？就像我在楼上跟你讲的一样，很漂亮对不对？这是他哥哥送给他的圣诞节礼物，他不用花一毛钱！将来有一天我也要送你一辆一样的车子，这样你就可以看到我一直在跟你讲的橱窗里那些圣诞节的东西了。"

保罗走下车，将小弟弟抱到车子的前座里，他的哥哥眼睛发亮，也跟着爬进座位，坐在他的旁边。于是三个人便开始了一次令人难忘的假期之旅。

在那次圣诞节，保罗终于学到：施比受真的更令人快乐。

❧❧ 写作学习 ❧❧

故事中，保罗有两次误解了小男孩。一次是当小男孩说"我希望……"时，保罗误以为小男孩会说希望自己也有一个能赠送汽车给他作为礼物的哥哥；可是小男孩说的却是希望自己能是那个可以给弟弟送礼物的哥哥。另一次是当小男孩希望保罗把他送到家前面时，保罗误以为他想让邻居看到他坐一辆又大又漂亮的车子回家；但实际上小男孩只是想接他的弟弟一起享受这次兜风的机会。

拥有美丽心灵的小男孩，让保罗感受到"施比受真的更令人快乐"。而作者希望我们学会：你希望别人怎样待你，你也要怎样待别人。

仁者爱人

《孟子》

导读

　　本文选自《孟子》中的《离娄章句下》。《孟子·离娄章句》中短章居多，内容涉及政治、历史、教育和个人立身处世等诸多方面，原文全篇共33章。孟子（约前372—前289），战国时思想家、政治家、教育家。

　　君子所以异于人者，以其存心也。君子以仁存心，以礼存心。仁者爱人，有礼者敬人。

　　爱人者，人恒爱之；敬人者，人恒敬之。

　　君子与一般人不同的地方在于，他内心里所保持的思想。君子把仁保持在心里，把礼保持在心里。有仁心的人会爱人，懂礼让的人会尊敬人。

　　爱别人的人，别人就会一直爱他；会尊敬别人的人，别人就会一直尊敬他。

注释

• 异：不同。

• 存心：保存于内心。

• 仁者：充满慈爱之心，满怀爱意的人。

• 恒：持久，经常。

⟡⟡ 写作学习 ⟡⟡

仁与礼，是儒家的基本道德理论，有道德修养和社会承担的人，在古代就被称为君子。而君子不同于常人，就是因为内心里有"仁"和"礼"的价值观念。

仁者爱人，有礼者敬人。仁是一种最高的道德境界，主要是内心的自觉思想，仁者能以博大的胸襟去爱人。礼是表现和维护仁的一整套社会秩序，主要是外在的一种行为规范，有礼者能在言行举止上按照道德规范去尊敬别人。

孟子的这段话通俗易懂。用我们现在的话来说，就是要主动奉献，互敬互爱，这样别人也一定会同样地回报。每个人都如此，是社会和谐的基础。

夜行的驿车

［苏］帕乌斯托夫斯基

导读

　　这是苏联作家帕乌斯托夫斯基（1892—1968）创作的一篇散文，收录在其散文集《金蔷薇》中。作者截取童话作家安徒生人生旅程中的一个片段，生动地描写了安徒生的形貌、言行和心理，突出地表现了他的善良品质和艺术才气，以及对待爱情的态度，写出了安徒生丰富而复杂的性格。

　　在威尼斯那家又旧又脏的旅店里，是休想弄到墨水的。那种地方干吗要备墨水呢？好让旅客去记下敲他们竹杠的账目吗？

　　不过，当安徒生住在那家旅店里的时候，锡制的墨水瓶里倒还剩有一点墨水。他蘸着这点墨水写起一篇童话来。可眼看着童话越写越淡，没有了颜色，原来安徒生往墨水里掺了好几回水。就这样，安徒生终于没有把这个童话写完——童话愉快的结尾留在墨水瓶底上了。

　　安徒生微笑了一下，决定给他下一篇童话取名为：《留在干涸了的墨水瓶底上的故事》。

他喜爱威尼斯，称它为"一朵开谢的荷花"。是呀，这是一个美妙的城市，尽管有几分忧郁。不过该离开这儿，到其他城市去游历了。

所以安徒生差遣旅店的茶房去给他买一张开往维罗纳的夜行驿车的车票时，并不怎么为即将告别威尼斯而感到惋惜。

茶房买回来了驿车票，但是没把找回的钱交给安徒生。安徒生抓住他的衣领，和气地把他推到走廊里，然后开玩笑地照准他的脖子打了一下，于是那人便沿着摇摇晃晃的梯子，蹦蹦跳跳地跑下楼去，一边放声唱起歌来。

驿车驶出威尼斯时，淅淅沥沥地下起雨来。夜降临到了潮湿的原野上。

车夫抱怨说，把威尼斯去维罗纳的驿车安排在夜里出车，准是魔鬼出的主意。

乘客谁也没有搭腔。车夫沉默了一会儿，气呼呼地啐了一口唾沫，随后通知旅客们说，除洋铁提灯里的那个蜡烛头以外，再也没蜡烛了。

乘客一共有三个：安徒生、一个上了年纪的不苟言笑的神父，还有一位披深色斗篷的太太。安徒生一会儿觉得这位太太挺年轻，一会儿又觉得她挺老的；一会儿觉得她是个美女，一会儿又觉得她丑得要命。这都是提灯里的蜡烛头在作怪。

它随心所欲地把这位太太每一次都照得换一个样。"要不要把蜡烛熄掉？"安徒生问，"现在反正用不着。等到需要照亮的时候，就没蜡烛好点了。"

"想得周到，意大利人是永远也不会想到这一点的！"神父大声说。

"为什么？"

"意大利人不善于深思远虑的。等到他们醒悟过来，哇哇大叫的时候，已经什么都无法挽回了。"

"神父，您显然不属于这个轻佻的民族吧？"安徒生问。

"我是奥地利人！"神父没好气地说。

话谈不下去了。安徒生吹熄了蜡烛。有好一会儿工夫，车厢里的人谁都没讲话，后来那位太太说道：

"在意大利这一带，夜间行车还是不点灯的好。"

"即使不点灯，车轮的声音也会把我们暴露的。"神父反驳她说，然后又颇为不满地加了一句，"女人家出门应当带个亲戚什么的，好有人照顾照顾。"

"照顾我的人，"那位太太调皮地笑着说，"就坐在我身旁。"

她这是指的安徒生。安徒生摘下帽子，感谢女旅伴讲了这句话。

蜡烛刚一熄掉，各种各样的声音和气味顿时活跃起来，仿佛为对手的销声匿迹而欢欣鼓舞。嘚嘚的马蹄声、车轮在沙砾路上滚动的隆隆声、弹簧颤动的吱嘎声和雨点打在车篷上的声音都更加响了，由车窗里钻进来的被雨水打湿了的野草和沼泽的气味也更加浓烈了。

"真是怪事！"安徒生说，"我原以为在意大利会闻到酸橙树的气息，结果闻到的却是同我那个地处北方的祖国一样的气味。"

“马上就要变了。”那位太太说，“我们正在上山。到了山上，空气要暖和些。”

马放慢了步子，一步步向前走去。驿车果真在爬上坡度缓斜的山冈。但是夜并未因此而变得亮些。相反，山路两旁尽是老榆树。在葳蕤的枝叶下，黑暗变得更稠密，更寂静了。

安徒生放下了窗子。榆树把一根枝丫探进了驿车。安徒生打枝丫上摘下了几片树叶留作纪念。

此刻，夜的黑暗比阳光更使他感到愉悦。黑暗使他可以静心地思考一切。而当安徒生厌倦了这种思考的时候，夜又可以帮助他编出以他自己为主人公的各种各样的故事。在这类故事中，安徒生总是把自己设想为一个永远年轻、活泼的美男子。他慷慨地把感情丰富的批评家们称为“诗之花”的那类醉人的字眼，撒在自己的四围。

实际上安徒生长得很难看，这一点他自己也完全清楚。他长得又细又长，而且十分腼腆，手脚摆动的样子活像提线木偶。在他的祖国，孩子们管这种长相的人叫“罗锅儿”。

长得这么难看，他已不指望得到女性的青睐了。可是每当年轻女子打他身旁走过时，就像打一根路灯柱子旁走过一样，他心里仍然会感到委屈。

安徒生迷迷糊糊地打起瞌睡来。

他醒来时，首先看到的是一颗绿色的硕大的星星。这颗星悬在中天，闪烁着耀眼的光芒。显然夜已经深了。

驿车停了下来。从车外传来说话的声音。安徒生留神地听着。原来车夫正在同好几个中途拦住驿车的女人讲价钱。

女人的声音是那么娇媚，清脆，还带着一点儿讨好的味道，使人觉得这场悦耳动听的讨价还价就像是古典歌剧中的朗诵调。

这几个女人显然是想搭车到一个非常小的城市或者村镇去，车夫却觉得她们出的钱太少，不肯让她们搭车。女人们争先恐后地说，这些钱还是她们三个人凑起来的，多一个子儿也没有了。

"别啰唆了！"安徒生对车夫说，"您也太不像话了，要这么多钱，她们付不足的由我来付就是了。要是您不再粗声粗气地对乘客说废话，我还可以多付给您一点。"

"好吧，美人们。"车夫对女人们说，"上车吧。得感谢圣母，让你们碰到了这位瞎花钱的外国王子。他只怕因为你们耽误马车赶路。你们和去年的通心粉一样，对他什么用也没有。"

"噢，主耶稣！"神父觉得不堪入耳，哼了一声。

"姑娘们，坐到我旁边来，"那位太太说道，"我们大家都可以暖和些。"

姑娘们悄声地商量了几句，把东西传递上车，爬进了车厢，向车厢里的人问了好，羞答答地谢过安徒生，便坐了下来，不再作声。

车厢内立刻充满了干酪和薄荷的气味。安徒生隐隐约约地看到了姑娘们廉价耳环上的玻璃珠的闪光。

驿车开动。沙砾又在车轮下响了起来。姑娘们开始交头接耳地谈着什么。

"她们想要知道您是什么人。"那位太太说道。车厢里一片漆黑，所以安徒生是凭猜测感觉到她脸上挂着微笑。"真是外国王子？还是普普通通的旅游者？"

"我是个预言家。"安徒生不假思索地说，"我能预卜未来，并能在黑暗中看到一切。但我不是江湖术士。不过也许可以说，我是那个曾经产生过哈姆雷特的国度里的一个特别的、可怜的王子。"

"那么在这样的黑暗中，您能看见什么呢？"一个姑娘诧异地问道。

"譬如说你们吧，"安徒生回答说，"我看你们看得那样清楚，你们的美丽简直使我心醉。"

他说完之后，觉得脸上发了一阵冷。他每次构思他的长诗和童话时所感受到的那种心情渐渐逼近了。

在这种心情里，微微的不安、不知从何而来的源源不绝的词汇，以及突然出现的能驭人类心灵的诗的力量混合在一起。

"我醒过来，忽然在深夜里听见了你们的声音。"安徒生沉默了一会，然后静静地说，"可爱的姑娘们，这就足够使我认清你们，甚至像对过路相逢的姐妹一样，爱上你们了。我能清楚地看见你们。就拿您，这位生着柔软的金发的姑娘来说，您是一个爱笑的女郎，您非常喜欢一切生灵，甚至当您在菜园里干活的时候，连画眉都会落在您的肩上。"

"哎哟，尼科利娜！他那是说你哪！"一个姑娘低声地说。

"尼科利娜，您有一颗热情的、温柔的心，"安徒生还是那样静静地继续说，"假如您的爱人遇到了灾难，您会毫不踌躇地翻过积雪的山岭，走过干燥的沙漠，到万里之外去看他，去救护他。我说得对吗？"

"我会去的……"尼科利娜有点不大好意思地讷讷说，"既然您这么想。"

"姑娘们，你们叫什么名字？"安徒生问。

"尼科利娜，玛丽亚和安娜。"一个姑娘高兴地替大家回答了。

"至于玛丽亚，我不想谈您的美丽。我意大利话说得很差。但是我还在年轻的时候，就曾经向诗神发过誓，我要到处颂扬美，不管我在哪里看见它。"

"耶稣啊！"神父低声说，"这个人让毒蜘蛛咬了一口，有点神经病了。"

"有些女人，赋有真正惊人的美。这些女人差不多总是性情孤僻的人。她们孤独地忍受着会焚毁她们自身的热情。这种热情好像从里面焚烧着她们的面颊。玛丽亚，您就是这样的人。这种女人的命运往往是与众不同的：或者是极其悲惨，或者是无限幸福。"

"那么您碰见过这样的女人吗？"那位太太问。

"就在眼前，"安徒生回答说，"我的话不仅仅是对玛丽亚说的，同时也是对您说的，夫人。"

"我想您这样说并不是为了消磨这漫漫的长夜吧，"那位太太用颤抖的声音说，"要是这样，对这个美丽姑娘未免太残酷了。对我也是一样。"她低声添上一句。

"我从来还没有像现在这样严肃，夫人。"

"那么到底怎样呢？"玛丽亚问，"我会不会幸福呢？"

"您想向生活要的东西太多，虽然您是一个普通的农家姑娘。所以您很难幸福。不过在您一生里，您会碰见一个配得上您那期求极高的心灵的人。您的意中人当然是一个杰出的人物。说不定是一个画家，诗人，一个为意大利争取自由的战士……也说不定是一个普通的牧人或者一名水手，但是都具有伟大的灵魂。这总归是一样的。"

"先生，"玛丽亚腼腆地说，"我看不见您，所以我才不怕羞，我想问问您，如果有这么一个人，他已经占有了我的心，那我得怎么办呢？我总共只见过他几次，连他现在在哪儿我都不知道。"

"找他去！"安徒生提高声音说，"一定要找到他，他一定会爱您的。"

"玛丽亚"安娜高兴地说，"不是维罗纳那个年轻画家吗……"

"住嘴！"玛丽亚气恼地叫道。

"维罗纳不是一座很难找到一个人的大城市。"那位太太说，"记住我的名字。我叫叶琳娜·瑰乔莉。我就住在维罗纳。每一个维罗纳人都可以指给您我住的地方。玛丽亚，您到维罗纳来吧。可以住在我家里，直到我们这位可亲的旅伴所预言的那个幸遇实现。"

玛丽亚在黑暗中摸到了叶琳娜·瑰乔莉的手，把它紧贴在自己发烫的脸颊上。

大家都沉默着。安徒生注意到那绿星消失了。它已经堕到大地那边去了。就是说，已经是后半夜了。

"喂，那么我的未来您怎么一句也没说呢？"姑娘中最爱说话的安娜问道。

"您会有许多小宝宝，"安徒生很有把握地回答说，"他们要一个跟一个排队来喝牛奶。您每天早晨必须花很多时间给他们洗脸、梳头。您的未来的丈夫也会给您帮忙的。"

"是不是彼得？"安娜问，"彼得那个笨家伙，我才不稀罕他呢！"

"您一定还要花很长时间，每天把这些眼睛里露出好奇的小男孩和小女孩亲几遍。"

"在教皇陛下的治内听见这些异端邪说，简直是不可思议的！"神父气冲冲地说。但是谁也没理会他说的话。

姑娘们又唧唧哝哝小声地谈着什么。谈话时时被笑声打断。最后玛丽亚说：

"先生，现在我们想知道您是谁。我们在黑夜里可看不见人。"

"我是一个流浪诗人，"安徒生回答说，"我是一个年轻人。生着浓密的、波状的头发，脸色黝黑。我的蓝眼睛几乎无时不在笑，因为我无忧无虑，尚未堕入情网。我唯一的工作，就是给人们制造一些微末的礼物，做一些轻浮的只要能使我那些亲近的人欢乐的事情。"

"比方说哪些事情呢？"叶琳娜·瑰乔莉问。

"跟您说什么好呢？去年夏天我在日德兰半岛，住在一个熟悉的林务员的家里。有一次我在林中散步，走到一块林间草地上，那里有很多菌子。当天我又到这块草地上去了一趟，在每只菌子下面放了一件礼物，有的是银纸包的糖果，有的是枣子，有的是蜡制的小花束，有的是顶针和缎带。第二天早晨，我带着林务员的小女孩子到这个树林里去。那时她七岁。她在每一枝菌子下找到了这些意外的小玩意儿。只有枣子不见了。大概是给乌鸦偷去了。您要是能看见就好了，她的眼睛里闪着该是多大的喜悦啊！我跟她说，这些东西都是地下的精灵藏在这里的。"

"您欺骗了天真的孩子！"神父愤懑地说，"这是一个大罪！"

"不，这并不是欺骗。她会终生不忘这件事。我敢说，她的心不会像没体验过这个奇妙的事情的人那样容易变得冷酷无情。而且，大法师，我还得向您声明一下，我不习惯听那些我不要听的教训。"

驿车停下了。姑娘们好像着了魔似的一动不动坐着。叶琳娜·瑰乔莉低下头，一声不响。

"喂，漂亮的妞儿们！"车夫喊道，"醒醒吧，到了！"

姑娘们又低声说了些什么，然后站了起来。

在黑暗中，有两只有力的、纤细的手出其不意地抱住了安徒生的脖子，两片火热的嘴唇触到了安徒生的嘴唇。

"谢谢您！"火热的双唇悄声地说，安徒生听出来这是玛丽亚的声音。

尼科利娜向他道了谢，并且悄悄地、温柔地吻了他，头发轻轻地拂得他的脸痒痒的；安娜则用力地、出声地吻了他。姑娘们跳下车去。驿车在铺平的路上向前驶去。安徒生望了望窗外。除了那微微发绿的天空中的树梢，什么也看不见。开始破晓了。

维罗纳富丽堂皇的建筑使安徒生吃惊了。这些建筑物的庄严的外表，在互相争妍媲美。结构和谐的建筑应该促使人的精神平静。但是安徒生的灵魂却没有平静。

黄昏时候，安徒生在瑰乔莉的古老的家宅前拉着门铃。这幢房子坐落在一条通向要塞的很窄的小街上。

给他开门的是叶琳娜·瑰乔莉自己。一件绿天鹅绒的衣裳紧紧地裹着她窈窕的腰身。天鹅绒的反光落在她的眸子上，安徒生觉得那双眼睛像瓦尔克的一样，碧绿的，美得简直无法形容。

她把两只手都伸给了安徒生，用冷冰冰的手指紧紧地握住了他宽大的手掌，倒退着把他引到小客厅去。

"我是这样想念您，"她坦率地说，自疚地笑了一笑，"没有您我觉得空虚。"

安徒生的面色发白了。整天他都怀着模糊的不安想着她。他知道他会疯狂地爱上一个女人说的每一句话，落下来的每一根睫毛，她衣服上的每一粒微尘。他明白这一点。他想，假如他让这样的爱情燃烧起来，他的心是容纳不下的。这爱情会给他带来多少痛苦和喜悦，眼泪和欢笑，以至他会无力忍受它的一切变幻和意外。而谁知道，或许由于这种爱情，他无数华丽的童话会黯然失色，一去不返。到那个时候，他的生命又有什么价值呢？

总归一样，他的爱情归根到底还是埋藏在心底。这样的情况他已经有多少次了。像叶琳娜·瑰乔莉这样的女人都是任性无常的。总有这么一个可悲的日子，她会发现他多么丑陋。他自己都讨厌自己。他常常感到他背后有一种嘲笑的眼光。这时候，他的步态就呆钝了，他跌跌绊绊，恨不得钻到地缝里去。

"只有在想象中，"他对自己肯定说，"爱情才能永世不灭，才能永远环绕着灿烂夺目的诗的光晕。看来，我幻想中的爱情比现实中所体验的要美得多。"

所以他到叶琳娜·瑰乔莉这儿来怀着这样的坚定决心：看过她就走，日后永不再见。

他不能把一切直截了当地向她说明。因为他们中间还没有什么关系。他们昨晚才在驿车上相遇，而且彼此什么也没有谈过。

安徒生站在客厅门口环顾了一下。屋角上大烛台照耀着的狄安娜的大理石头像，惨然发白，好像看到自己美貌而惊惶得面无人色似的。

"这是谁雕成这个狄安娜使您的美貌永驻？"安徒生问。

"喀诺华。"叶琳娜·瑰乔莉回答说，垂下了眼睛。她好像猜着了他灵魂中所发生的一切。

"我是来告别的，"安徒生声音低沉地说，"我马上就要离开维罗纳了。"

"我认出您是谁来了，"叶琳娜·瑰乔莉望着他的眼睛说，"您是汉斯·安徒生，著名的童话作者和诗人。不过看来，您在自己的生活中，却惧怕童话，连一段过眼烟云的友情您都没有力量和勇气来承受。"

"这是我的沉重的十字架。"安徒生承认说。

"那么怎么好呢，我的可爱的流浪诗人？"她痛苦地说道，把一只手放到安徒生的肩上，"走吧！解脱自己吧！让您的眼睛永远微笑着。不要想我。不过日后如果您由于年老、贫困和疾病而感到苦痛的时候，您只要说一句话，我便会像尼科利娜一样，徒步越过积雪的山岭，走过干燥的沙漠到万里之外去安慰您。"

她倒在沙发上，双手捂着脸。大烛台上的蜡烛飞逬着火光。

安徒生看见在叶琳娜·瑰乔莉的纤指间，渗出一颗晶莹的泪珠，落在天鹅绒的衣裳上，缓缓地滚下去了。

他扑到她身旁，跪了下来，把脸紧贴在她那双温暖，有力而娇嫩的脚上。她没睁开眼睛，伸出双手，紧紧地抱住他的头，俯下身去，吻了他的嘴唇。

第二颗热泪落到了他脸上。他闻到泪水的咸味。

"去吧！"她悄声地说，"愿诗神饶恕您的一切。"

他站起身，拿起帽子，匆匆地走了出去。

全维罗纳响起了晚祷的钟声。

以后他们再也没有见过面，但是终生互相怀念着。

（戴骢　译）

⬥⬥ 写作学习 ⬥⬥

本文主要写了安徒生在意大利旅游时，离开威尼斯的旅店，前往维罗纳期间的邂逅故事。主要场景和事件有两个：在夜行的驿车中，安徒生与同行者的对话；到达维罗纳后，安徒生在叶琳娜·瑰乔莉家里与她的对话。

文中的安徒生爱幻想，他仿佛生活在童话世界中，在夜行的驿车里即兴发表对姑娘们的"预言"，就如创作他的童话。他心中充满了爱，爱生活，爱生活中所遇到的人。他爱一切美，尤其是对女性美的感受非常敏锐；他带着审美的眼光看待世俗生活，发现平淡朴素中的闪光点。

途中上车的三位姑娘，是生活在社会下层的普通女子，质朴、善良、纯真，虽没什么文化修养，但感情丰富，在安徒生的激发下，心中生出对未来的美好的想象和期望。不过，安徒生与这三位女性的对话，更主要的目的，其实是为了获得故事中另一位女主角的倾心。安徒生和三位姑娘的对话过程中，每一次灵魂的真实袒露，都是因为女主角的插话而触达。而那位女主角，也正是以明告三位姑娘的婉转方式，向安徒生暗示了在维罗纳如何可以找到自己。

故事中女主角是叶琳娜·瑰乔莉，她是一位年轻貌美的夫人，经历丰富，内心复杂，是她激发了安徒生的创作激情与艺术想象，同时她自己也为安徒生的才华和灵魂所深深吸引。

故事的高潮出现在最后安徒生找到叶琳娜·瑰乔莉家中时的对话。无限渴望的爱情真的降临时，安徒生却退缩了。或许是因为安徒生更加爱惜自己的事业，"或许由于这种爱情，他无数华丽的童话会黯然失色，一去不返。到那个时候，他的生命又有什么价值呢"；又或许是安徒生难以摆脱的自卑，"像叶琳娜·瑰乔莉这样的女人都是任性无常的。总有这么一个可悲的日子，她会发现他多么丑陋。他自己都讨厌自己"。这让安徒生下定了决心："只有在想象中，爱情才能永世不灭，才能永远环绕着灿烂夺目的诗的光晕。"

《夜行的驿车》这个结尾，打动了无数的读者。但作者和读者可能都忽略了一点：没有经历过深刻的爱情，是不可能有如此彻底的理智行为。本文作者替安徒生说出了心理活动："看来，我幻想中的爱情比现实中所体验的要美得多。"可是在维罗纳，安徒生还并没有在"现实中所体验"呢。所以只能说，我们在此读到的内心世界不是安徒生的，而是帕乌斯托夫斯基的。

作者在这篇故事的开始写有一段话："我想单辟一章来说明想象的力量以及它对我们生活的影响。但当我想了一下之后，便写下了一篇安徒生的故事。"所以，《夜行的驿车》其实也是作者在思考"想象"在安徒生这样的童话作家的创作生涯中的作用，同时反映了帕乌斯托夫斯基本人构想故事的能力。

活着就是爱

［印度］特蕾莎修女

导读

　　特蕾莎修女（1910—1997），生于斯科普里（今属北马其顿）。阿尔巴尼亚人，1948年入印度国籍。著名慈善家，在世界范围内建立了一个庞大的慈善机构网，赢得了国际社会的广泛尊敬。1979年被授予诺贝尔和平奖。本文即她在领取该奖项时的演讲词节选，语言简洁质朴而感人至深。

　　穷人是非常了不起的人。一天晚上，我们外出，从街上带回了四个人，其中一个生命岌岌可危。于是我嘱咐修女们："你们照料其他三个，这个情况较糟的人就由我来照顾。"就这样，我为她做了我的爱所能做的一切。我将她放在床上，看到她的脸上绽露出如此美丽的微笑。她握着我的手，只说了句"谢谢您"就死了。

　　我情不自禁地在她面前审视起自己的良知。我问自己，如果我是她的话，我会说些什么呢？答案很简单，我会尽量引起旁人对我的关注，我会说我饿，我冷，我疼，我要死了，等等。

但她给我的却多得多——她给了我她的感激之情，她死时脸上是带着微笑的。我们从污水沟带回的那个男子也是如此。当时，他几乎全身都快被虫子吃掉了，我们把他带回了家。"在街上，我一直像个动物一样地活着，但我将像个天使一样地死去，有人爱，有人关心。"真是太好了，我看到了他的伟大之处，他竟能说出这样的话。他就那样死去，不责怪任何人，不诅咒任何人，像天使一样不与任何人攀比。——这便是我们的人民的伟大之所在。

"我饥肠辘辘，我衣不蔽体，我无家可归，我不为人需要，不为人所爱，也不为人所关心。然而，你却为我做了这一切。"我想，我们算不上真正的社会工作者。在人们的眼中，我们或许是在做社会工作，但实际上，我们真的只是世界中心的修行者。我想，在我们的大家庭里，不需要枪支和炮弹破坏和平，或带来和平。我们只需要团结起来，彼此相爱，将和平、欢乐以及每一个家庭成员生命的活力都带回世界。这样，我们就能战胜世界上存在的一切罪恶。

我准备用我所获得的诺贝尔和平奖奖金为那些无家可归的人们建设家园，因为我相信，爱源自家庭。如果我们能为穷人建设家园，爱便会传播得越来越广。而且，我们将通过这种宽容、博大的爱而带来和平，并使之成为穷人的福音。首先为我们自己家里的穷人，其次为我们国家，为全世界的穷人。

今天的世界上仍然充满苦难……当我从街上带回一个饥肠辘辘的人时，给他一碗饭，一片面包，就能使他心满意足，就能驱除他的饥饿。但是，如果一个人露宿街头，感到不为人需要，不为人所爱，被社会抛弃，这样的贫困让人心痛，令人无法忍受。因此，让我们总是微笑相见，因为微笑就是爱的开端，一旦我们开始彼此自然而然地相爱，我们就会想着为对方做点什么。

（王丽萍　译）

❀❀ **写作学习** ❀❀

　　她住的地方，唯一的电器是一部电话；她穿的衣服，一共只有三套，而且自己洗换；她只穿凉鞋没有袜子……她把一切都献给了穷人、病人、孤儿、孤独者、无家可归者和垂死临终者；她从12岁起，直到87岁去世，从来不为自己、而只为受苦受难的人活着……她就是本文的作者特蕾莎修女。

　　她不是富豪，因为她没有留给自己一分钱，甚至也不去挣钱，不会募款；她也不是一般的慈善家，因为她的目的，不是仅仅为穷人和鳏寡孤独者提供衣食住处，不是仅仅为病人和遭灾遭难者提供医疗服务，而是要在这一切之中，这一切之外，给这些人带去爱心，让他们感到自己有尊严，感到自己被人爱！为此，她愿意向这些人下跪！她立志要服侍穷人，所以先变成了穷人；她放弃了安适的修女和教师生活，穿上穷人的衣服，一头扎进贫民窟、难民营和各种各样的传染病人之中，五十年如一日；她的追随者们为了让服侍的对象觉得有尊严，也仿效她的榜样，过着穷人的生活，以便成为穷人的朋友。这种远远超过一般慈善事业的宗旨，体现在她的这句话中："除了贫穷和饥饿，世界上最大的问题是孤独和冷漠……孤独也是一种饥饿，是期待温暖爱心的饥饿。"所以，她的一生，用她自己的话来说，是"怀大爱心，做小事情"。

诺贝尔奖领奖台上响起的声音往往都是文采飞扬、热烈、激昂的。而特雷莎修女的这篇演说朴实无华，其所举事例听来似平凡之至，然而其中所蕴含的伟大而神圣的爱感人至深。平凡中孕育伟大，真情才能动人。所以我们作文时，也要善于从自己所熟知的平凡中发掘伟大，以真情来打动读者。

为穷人服务

蔡驷

　　"她们在那里做饭，她们在那里吃饭，她们在那里睡觉，那里就是她们的家。"

　　这是一则关于一棵成为家的大树、一对贫弱母女悲惨而又温暖的故事。这个故事的讲述者是1979年诺贝尔和平奖的获得者特蕾莎修女。她在自述集《活着就是爱》中写道：

　　"有一次我在街上找到一个六七岁的小女孩，然后把她带回施舒瓦，我给她洗了一个澡，并给她衣服及好的食物。当晚这孩子跑掉了。我把她寻回，但是她一而再再而三地逃跑了。她这样逃跑三次后，我派一位修女跟着她看她往哪里跑。修女在一棵树下找到她，她和她的母亲、姊妹坐在一起。那里有些食物，她母亲正在用她从街上捡来的食物做饭。直到那时，我们才明白她逃跑的原因。她的母亲爱她，而她又非常爱她的母亲。她们在对方眼中都是美的。那女孩说：'我的家！'——那里就是她的家，她的母亲就是她的家。"

特蕾莎修女的原名是阿格尼斯·勃亚金，她1910年出生于斯科普里，是阿尔巴尼亚裔人。12岁加入一个天主教的儿童慈善会，并预感自己未来的职业是要帮助贫寒人士。15岁时，她和姐姐决定到印度接受传教士训练。18岁时，她进了爱尔兰罗雷托修会，并在都柏林及印度大吉岭接受传教士训练。三学期后，特蕾莎到了印度的加尔各答，在圣玛莉罗雷托修会中学担任教职，主要是教地理。

1931年，特蕾莎正式成为修女，1937年5月决定成为终身职业修女，并因法国19世纪最著名的修女"圣女德莉莎"的名字和精神，改名为特蕾莎修女。20世纪40年代，特蕾莎修女在圣玛莉罗雷托修会中学担任校长一职。当时印度贫富差距非常大，校内一片安宁，校外却满街都是无助的麻风患者、乞丐、流浪孩童。1948年，教皇批准特蕾莎修女以自由修女身份行善的许可，特蕾莎修女马上着手医疗训练，并寻找帮手。1950年10月，特蕾莎修女与其他12位修女，成立了仁爱传教修女会，并将教会的修女服改为印度妇女传统的纱丽，以白布镶上朴素的蓝边，成为博济会修女的制服。

特蕾莎修女的人生信念是：活着就是爱。她为穷人服务的理念备受人们敬佩，为了尊重穷人，让卑微者易于接受援助，始终把自己变成穷人。她创建的组织已经有四亿多资产。获得诺贝尔和平奖后，她依然过着极其简朴的生活，直至去世前，已逾80高龄的她仍与其他修女一起睡在地板上，只有两套换洗的棉质修女服，自己洗衣洗餐具，每日与普通修女一样从事繁重而琐碎的各种劳动。对待受援助的穷人，她总是言辞简洁，以卑微者能够接受的方式传递自己的爱，平易近人中直抵人心。面对垂死者，她总是握着他们的手，直至他们平静地安息。仁慈与体恤，在她的一言一行中宛如阳光雨露一样的自然和纯洁，没有一点施舍的感觉。

　　特蕾莎修女于1997年9月5日逝世，终年87岁。她留下了4000个修会的修女，10万名以上的义工，还有在123个国家中的610个慈善工作者。同年印度政府为她举行了只有总统和总理才有资格享有的国葬，来自20多个国家的400多位政府要人参加了她的葬礼，其中包括三位女王与三位总统。2009年10月4日，诺贝尔基金会评选1979年和平奖得主特蕾莎修女为诺贝尔奖百余年历史上最受尊崇的三位获奖者之一，其他两位是1964年和平奖得主马丁·路德·金、1921年物理学奖得主爱因斯坦。被誉为"贫民圣人"的特蕾莎修女永远活在人们的心中。

幸福的篮子

幸福的篮子

［苏］尤·沃兹涅先斯卡娅

导读

　　这篇文章写的是，年轻人在老年人的启迪下，重新认识和思考幸福的含义。尤·沃兹涅先斯卡娅，苏联著名女作家，本文选自其出版于20世纪80年代的《女人十日谈》。

　　我很快又陷入了烦恼，但这次我知道如何克服这种情绪。于是，我便去夏日乐园漫步散心。我顺便带了件快要完工的刺绣桌布，免得空手坐在那里无所事事。我穿上一件极简单、朴素的连衣裙，把头发在脑后随便梳了一条大辫子。

　　来到公园，找个空位子坐下，我便飞针走线地绣起花儿来。一边绣，一边告诫自己："打起精神！平静下来！要知道，你并没有什么不幸。"这样一想，确实平静了许多，于是就准备回家。

　　恰在这时，坐在对面的一个老太太起身朝我走来。

　　"如果您不急着走的话，"她说，"我可以坐在这儿跟您聊聊吗？"

"当然可以！"

她在我身边坐下，面带微笑地望着我说："知道吗，我看了您好长时间了，真觉得是一种享受。现在像您这样的可真不多见。"

"什么不多见？"

"您这一切！在现代化的列宁格勒市中心，忽然看到一位梳长辫子的俊秀姑娘，穿一身朴素的白麻布裙子，坐在这儿绣花！简直想象不出这是多么美好的景象！我要把它珍藏在我的幸福的篮子里。"

"什么，幸福的篮子？"

"这是个秘密！不过我还是想告诉您。您希望自己幸福吗？"

"当然了，谁不愿自己幸福呀。"

"谁都愿意幸福，但并不是所有的人都懂得怎样才能幸福。我教给您吧，算是对您的奖赏。孩子，幸福并不是成功、运气，甚至也不是爱情。您这么年轻，也许会以为爱就是幸福。不是的。

"幸福就是那些快乐的时刻，一颗宁静的心对着什么人或什么东西发出的微笑。我坐在椅子上，看到对面一位漂亮姑娘在聚精会神地绣花儿，我的心就向您微笑了。我已把这一时刻记录下来，为了以后一遍一遍地回忆。我把它装进我的幸福的篮子里了。这样，每当我难过时，我就打开篮子，将里面的珍品细细品味一遍，其中会有个我取名为'白衣姑娘在夏日乐园刺绣'的时刻。

"想到它，此情此景便会立即重现，我就会看到，在深绿的树叶与洁白的雕塑的衬托下，一位姑娘正在聚精会神地绣花。我就会想起阳光透过椴树的枝叶洒在您的衣裙上；您的辫子从椅子后面垂下来，几乎拖到地上；您的凉鞋有点磨脚，您就脱下凉鞋，赤着脚；脚指头还朝里弯着，因为地面有点凉。我也许还会想起更多，一些此时我还没有想到的细节。"

"太奇妙了！"我惊呼起来，"一只装满幸福时刻的篮子！您一生都在收集幸福吗？"

"自从一位智者教我这样做以后。您知道他，您一定读过他的作品。他就是阿列克桑德拉·格林。我们是老朋友，是他亲口告诉我的。在他写的许多故事中也都能看到这个意思。遗忘生活中丑恶的东西，而把美好的东西永远保留在记忆中。但这样的记忆需经过训练才行，所以我就发明了这个心中的幸福的篮子。"

我谢了这位老妇人，朝家走去。路上我开始回忆童年以来的幸福时刻。回到家时，我的幸福的篮子里已经有了第一批珍品。

（伊芙　尚实　译）

❧ 写作学习 ❧

《幸福的篮子》这篇文章，讲述的是年轻人在老年人的启迪下，重新认识和思考幸福的含义。在这个故事中，作者让我们把目光从自己的身上挪开，去欣赏别人的美好，并将这种别人的美好所

带给自己的快乐时刻，作为一种幸福的收藏。

　　本文中的"幸福"，就是不断去发现，去感受——哪怕这些美好发生在与己无关的人身上，或者仅仅是日常生活中非常细微的一些小小瞬间。

赏心十六事

[题] 宋·苏轼

导读

《赏心十六事》的文字，在现存的苏轼各种作品集中并没有。但"苏东坡赏心十六事"的说法，在清初年间就已经在民间广泛流传，而且还出现在日本幕府时期的《集古名公画式》中，只是不同的版本在排序和内容上有差异。至于真正的作者到底是不是苏轼本人，则无法确定。

午倦一方藤枕；抚琴听者知音；

乞得名花盛开；清晨半炷名香；

花坞樽前微笑；月下东邻吹箫；

柳阴堤畔闲行；飞来佳禽自语；

开瓮忽逢陶谢；接客不着衣冠；

隔溪山寺闻钟；客至汲泉烹茗；

暑至临流濯足；清溪浅水行舟；

凉雨竹窗夜话；雨后登楼看山。

中午疲倦之时，有一方藤条编织的枕头供休息；弹琴自娱时有知音懂得欣赏；

精心照料的名贵花卉终于开放；早上点燃半炷名香，让香气飘满房屋；

在花园里举杯自饮，喜不自胜；月光下听到东边邻居家传来吹箫的乐声；

在水边柳荫下的堤岸上自在闲行；远处飞来可爱的鸟儿，婉转低鸣；

刚打开酒坛，赶巧陶渊明和谢灵运这类的朋友不速而至；接待客人不用拘于礼节，不用临时穿戴衣帽；

隔着溪水，听闻到对岸山寺的钟声；客人来了赶紧去打泉水煮茶；

夏天到了到流水边清洗赤足；在清亮的溪河中泛舟漫行；

凉爽的下雨天，在竹林下的窗前长夜畅聊；雨停之后，登上高楼看远方青山苍翠。

注释

- 赏心：心意欢乐。娱悦心志。
- 藤枕：藤条编织的枕头。
- 乞：讨要。
- 花坞：种植花木的地方。坞（读音"wù"），指四周有障蔽物的地方。
- 樽：古代盛酒的器具。读音"zūn"。
- 瓮：这里指酒坛。
- 汲：从井里打水。
- 烹茗：煮茶或沏茶。
- 濯足：洗去脚污。后以"濯足"比喻清除世尘，保持高洁。"濯"读音为"zhuó"。

——— ❧ 写作学习 ❧ ———

　　"赏心"是指自己的心意欢乐。在作者谈到的"赏心十六事"
里,有超过了一半的内容,是作者在大自然的欣赏与活动中所获得
的快乐。此外还有和朋友在一起分享所获得的快乐。作者在这里表
现的是一种传统中国文人的价值观,即在世俗物质层面的快乐之
外,树立的另外一种以精神文化追求为导向的价值观。

　　在中国历史上,厌倦官场,而从大自然与田园生活中获得快
乐的第一人,是东晋诗人陶渊明。他并不算中国历史上第一位隐
逸者,但他是中国第一位田园诗人,所以被称为"隐逸诗人之
宗",是他在中国文人的家国情怀之外,树立了另一种个人价值
的选择取向。而北宋时的苏轼,是陶渊明的"知音",正是苏轼
等人的大力推崇与弘扬,确立了陶渊明在文学史上的崇高地位。
在这首《赏心十六事》中,我们不难看到陶渊明式的安贫乐道与
崇尚自然的精神。

写给幸福·喜鹊

席慕蓉

导读

　　《写给幸福》是作者写的一组短文，每篇小短文都是通过一个小故事来表现作者心目中幸福的一个小侧面。《喜鹊》就是其中之一。席慕蓉，生于1943年，中国台湾当代女诗人、画家。

　　在素描教室上课的时候，我看见两只黑色的大鸟从窗前飞掠而过。

　　我问学生那是什么，他们回答我说：

　　"那不就是我们学校里的喜鹊吗？"

　　素描教室在美术馆的三楼，周围有好几棵高大的尤加利和木麻黄，茂密的枝叶里藏着很多鸟雀，那几只喜鹊也住在上面。

　　有好几年了，它们一直把我们的校园当成了自己的家。除了在高高的树梢上鸣叫飞旋，下雨天的时候，常会看见它们成双成对地在铺着绿草的田径场上慢步走着。好大的黑鸟，翅膀上镶着白色的边，走在地上脚步蹒跚，远远看去，竟然有点像是鸭子。

　　有一阵子，学校想重新规划校园，那些种了三十年的木麻黄与尤加利都在砍除之列。校工在每一棵要砍掉的树干上都用粉笔画了记号。站在校园里，我像进入了阿里巴巴的童话之中，发现每一棵美丽的树上都被画上了印记，心里惶急无比，头一个问题就是：

"把这些树都砍掉了的话，要让喜鹊以后住在哪里？"

幸好，计划并没有付诸实现，大家最后都同意，要把这些大树尽量保留起来。因此，在建造美术馆的时候，所有沿墙的大树都被小心翼翼地留了下来，三层的大楼盖好之后，我们才能和所有的雀鸟们一起分享那些树梢上的阳光和雨露。

上课的时候，窗外的喜鹊不断展翅飞旋，窗内的师生彼此交换着会心的微笑。原来雀鸟的要求并不高，只要我们肯留下几棵树，只要我们不去给它们以无谓的惊扰，美丽的雀鸟就会安心地停留下来，停留在我们的身边。

而你呢？你也是这样的吗？

❀❀ 写作学习 ❀❀

喜鹊在教师的窗外飞过，给窗内的师生们带来快乐的心情。"雀鸟的要求并不高，只要我们肯留下几棵树，只要我们不去给它们以无谓的惊扰，美丽的雀鸟就会安心地停留下来，停留在我们的身边。"

这个故事似乎与幸福没有什么关系，但作者最后问道："而你呢？你也是这样的吗？"这就将我们带入了思考：幸福是什么呢？

幸福真的难寻吗？

看看这几只喜鹊吧：安静，不被打扰，能够按照自己的生活方式安全地生活——这不就是幸福吗？

幸福的秘密

[巴西] 保罗·柯艾略

导读

　　既要欣赏世界上的所有奇观异景，因为这是年轻人应有的事业追求，包括新的世界、新的风景、新的可能、新的机遇；同时不要忘记了汤匙里的两滴油，这是手中已经持有的责任，也是需要坚守的托付。保罗·柯艾略，1947年出生于巴西里约热内卢，巴西著名作家。

　　有位商人，把儿子派往世界上最有智慧的人那里，去讨教幸福的秘密。这位少年历尽艰辛，走了四十天终于找到了智者那美丽的城堡。那里住着他要寻找的智者。

　　我们的主人公走进一间大厅，他并没有遇到一位圣人，相反却目睹了一个热闹非凡的场面：商人们进进出出，每个角落都有人在进行交谈，一支小乐队在演奏轻柔的乐曲，一张桌子摆满了那个地区的美味佳肴。智者正一个个地同所有的人谈话，所以少年必须要等上两个小时才能轮到。

　　智者认真地听了少年所讲的来访原因，但说此刻他没有时间向少年讲解幸福的秘密。他建议少年在他的城堡里转上一圈，两个小时后再来找他。

"与此同时我要求你办一件事，"智者边说边把一个汤匙递给少年，并在里面滴进了两滴油，"当你走路时，拿好这个汤匙，不要让油洒出来。"

少年开始沿着城堡的台阶上上下下，眼睛始终盯着汤匙不放。两个小时之后，他回到了智者面前。

"你看到我餐厅里的波斯地毯了吗？看到园艺大师花了十年心血创造出来的花园了吗？注意到我图书馆里那些美丽的羊皮卷文献了吗？"智者问道。

少年感到十分尴尬，坦率承认他什么也没看到，他当时唯一关注的只是智者交付给他的事，即不要让汤匙里的两滴油洒出来。

"那你就转回去见识一下我这里的种种珍奇之物吧，"智者说道，"如果你不了解一个人的家，你就不能信任他。"

少年轻松多了，他拿起汤匙重新回到城堡里漫步。这一次他注意到了天花板和墙壁上悬挂的所有艺术品，观赏了花园和四周的山景，看到了花儿的娇嫩和每件艺术品都被精心摆放在恰当的位置上。当他再回到智者面前时，少年仔细地讲述了他所见到的一切。

"可是我交给你的两滴油在哪里呢？"智者问道。

少年朝汤匙望去，发现油已经洒光了。

"那么，这就是我要给你的唯一忠告，"智者说道，"幸福的秘密在于欣赏世界上所有的奇观异景，同时永远不要忘记汤匙里的两滴油。"

（孙成敖　译）

　　"幸福的秘密在于欣赏世界上所有的奇观异景，同时永远不要忘记汤匙里的两滴油。"这个世界就像智慧大师的城堡，有许多新奇美好的事物等待着我们去发现。但在探索这个世界的同时，不要忘记心中的爱、梦想和责任，不要在成长的旅途中将它们遗失。也许，这就是幸福的秘密。但年轻人在城堡里游走时，两次都是顾此失彼，才知道任何一件小事情，要做到兼顾和完美都并不容易。

　　这是一个耐人寻味的故事。有些看似简单的道理，其实都是需要历经艰辛和重复的失败，才能够真正明白的。故事中的少年被父亲要求跋涉万水千山去讨教幸福的秘密，但真正给他教育的，肯定不仅仅是智者最后告诉他的结论，也有他自己的亲身经历和感受。他有了自己的亲身经历和感受，才能真正理解智者告诉他的结论。从这个意义上来说，这个关于"幸福的秘密"的结论究竟应该如何理解，其实已经不再重要。

柯艾略和他的牧羊少年

石柠

　　《幸福的秘密》是出自巴西小说家保罗·柯艾略小说的《牧羊少年奇幻之旅》中的一个小故事，是书中的炼金术士（也是书中提及的"老国王"）特意讲给牧羊少年的。听完了这个故事后，"牧羊少年默不作声。他已经理解了老国王讲的这个故事：一个牧羊人喜欢旅行，但永远不要忘记了他的羊群。"

　　《牧羊少年奇幻之旅》是一部宗教神秘主义色彩浓重的、追求梦想完善人生的寓言小说。主人公是西班牙少年圣地亚哥，他因为喜欢旅行，去做了牧羊人；他两次梦见金字塔附近有宝藏，为此心怀触动。在一次牧羊中他遇到了神秘的撒冷王，撒冷王知道了他的梦，并告知他应该努力追寻自己的梦想，于是圣地亚哥又放弃了羊群，去追寻他所梦见过两次的金字塔附近的宝藏。其间，他从西班牙最南端的台里发渡海，去了非洲。在北非摩洛哥的丹吉尔，他被小偷偷走钱财，无奈之下他为一位水晶商人工作了十一个月又九天。然后信念告诉他应该前行，于是他离开了商人的店铺，加入了横越撒哈拉的商队，碰到了一位一心求教炼金术士的英国人。前行的过程中路经住着炼金术士的费奥姆绿洲，少年遇见汲水少女法蒂玛，两人一见钟情。商队因部落战争而停滞，少年预言了军队对绿洲的突袭，被聘为绿洲参事，而炼金术士决定帮助他重新踏上寻宝之途。

途中，他们被军队所掳，炼金术士以神之力逃脱了军队的杀戮，并以少年的钱财为少年赢得三天活命的时间。军队要求少年也表现神之力，否则要其性命。少年在与沙漠、风与太阳的对话中，接触了天地之心，也如愿脱身。

少年最后历经千辛万苦，终于到达了沙漠，见识了金字塔的壮美，接近了梦中启示他埋藏宝藏的地方。此时，他的心灵不断告诉他这一路以来的经历和变化，当他在埃及金字塔下确认了埋藏宝物的地方后，他就不停地挖掘。可他什么也没有得到，相反却遭到一伙强盗的暴打。这伙强盗嘲笑他的梦想，其中的头儿还告诉他："两年前，就是在你现在待着的地方，我也两次做了同一个梦，梦见我应该到西班牙的原野上去，寻找一座倒塌的教堂，牧羊人经常带着他们的羊群在那里过夜，圣器室里生长着一棵埃及榕，如果我从这棵埃及榕的根部挖下去，就一定会找到一批埋藏着的财宝。可是我并不愚蠢，不会仅仅因为一个做过两次的梦而穿越一片沙漠。"原来这个少年男孩历经各种艰辛，为的就是确信这一句话。

原来宝藏就在少年曾经发梦的那座废弃教堂里，于是他昼夜前往，终于在信念的带领下找到了宝藏，实现了自己的梦想。"生活对追随自己天命之人是慷慨的"。

这是一本鼓励人追寻梦想的成人童话。自1988年出版后，便风

靡全球，畅销160多个国家，登上20多个国家畅销榜第一名，荣获
33项国际大奖，是当今在世作家作品中被翻译最多的小说。这部小
说被誉为20世纪最重要的文学现象之一。

正如作家在该书序言中所提示的那样，《牧羊少年奇幻之旅》
是一部象征性作品，旨在启示人们实现梦想要经历一个艰难的过
程，需要勇气、智慧、执着和经受考验。小说通过圣地亚哥在寻梦
旅途中学到的许多教导，展示了精神追求与现实冲突的一种融合。
书中的许多细节和每一个小故事都经过作家的精心设计，带有强烈
的象征色彩，极具启发性和励志意义。同时整个故事的结局也有其
深刻的象征意义：你的财宝其实就在你的身边，但只有经历过一番
艰难险阻之后，你才会发现它。在这个充满想象力的寓言故事中，
蕴涵着普泛无尽的人生智慧。

美国图书馆协会将该书推荐为"青少年最佳读物"。法国文化
部部长将保罗·柯艾略称为"数百万读者心中的炼金术士"。西方
评论家把该书誉为影响读者心灵一辈子的现代经典著作。

《牧羊少年奇幻之旅》中的这个故事原型，来自阿拉伯古老的
《一千零一夜》中的故事，柯艾略进行了重新演绎。在谈到作者柯
艾略和博尔赫斯《双梦记》的比较时，外国文学研究专家陈众议在
上海译文出版社的《炼金术士》的代序中曾说：

"也许他在叙事方法上不如博尔赫斯凝练，但他肯定比博尔赫
斯真诚。博尔赫斯曾经逐字逐句地复述了《双梦记》，是谓不可再
造，然而，为避剽窃之嫌，他又不得不在后来的版本中说明它的由
来。柯艾略则完全不惧瓜田李下之嫌，他竟然把同一个古老的寓言
演绎得色彩斑斓。因为，除了古老的东方（阿拉伯）文化基因，寓

言又被赋予了更多的意义。这些意义甚至不是作者的价值观所认出的主流西方文化（基督教或天主教）思想可以涵盖。……

"从某种意义上说，博尔赫斯的小说是假童心，是形而上学的智力游戏；而柯艾略的小说却是以'神性'捍卫童心的一种真诚的（也许是非自觉的）尝试。当然，我这里所说的童心是广义的童心，艺术的童心。"

保罗·柯艾略1947年出生于巴西里约热内卢。17岁时因性格内向而叛逆，曾被父母送进精神病院，并且三次试图逃跑，受到三次电击治疗，直至20岁时才离开医院。后来他听从父母的意愿，入读法律学校，但他在一年后就放弃了学业。曾沉迷于研究炼金术、魔法、吸血鬼等神秘事物，作为嬉皮士周游世界，与一些秘密团体和东方宗教社会有过接触。回到巴西后，他为流行音乐写歌词，也曾担任过编剧、剧场导演和记者等。因反对政治独裁，曾被投进监狱。1986年，38岁的他踏上去往圣城圣地亚哥之路，心灵顿悟。后来从事文学，从1987年的《朝圣》开始，18部作品在全球各地以数十种文字出版发行，荣获国际大奖无数，被誉为"唯一能够与马尔克斯比肩，拥有最多读者的拉美作家"。

他以博大悲悯的心胸、奇绝独特的视角、清澈如水的文字，将哲学沉思、宗教奇迹、童话寓言融为一体，感动了数以亿计的读者。代表作有《朝圣》《牧羊少年奇幻之旅》《我坐在彼德拉河畔哭泣》等。曾荣获法国政府授予的艺术与文学骑士勋章、巴西政府授予的里约布兰科骑士勋章，国际安徒生大奖、书业白金奖（澳大利亚）、畅销书金奖等诸多荣誉。2007年，由于其作品的深远影响力，联合国聘请他为联合国和平大使。

珍贵的礼物

礼物

［苏］费奥多罗夫·达维多夫

导读

　　两个好朋友以生日快来临为理由，相互赠送礼物。他们来来回回相互赠送了几次礼物。他们都很看重对方的友谊，最开始难免以物质的贵重程度为标准来衡量礼物，都想更好地回报对方。到最后他们都懂得了真正的友谊是超越物质的，表达友情比实物更重要。费奥多罗夫·达维多夫（1873—1936），苏联儿童文学作家。

　　吃早饭的时候，我问爸爸："爸爸，我想和你商量一下。米什卡的生日快到了。可我还不知道送他什么。"

　　"这件事很为难，"爸爸回答，然后展开报纸，"他的生日是什么时候呀？"

　　"还有一个月零四天。但我认为事先一切都要考虑好，免得到时候着急。"

　　"好吧，"爸爸说，"男子汉送一把带镀金鞘的短剑或者送两把手枪比较合适，超码也送一把土耳其马刀。"

　　"送一副镶钻的马具行吗？"我问道。

"行。"爸爸回答后，便埋头看报。

我明白了：他也不知道送什么礼物给米什卡好。我只好独自考虑。我绞尽脑汁，想了半天，后来决定："唉，何必白着急，干脆去问问米什卡本人。没必要送人意想不到的礼物，也用不着保密。"

我给米什卡打电话，讲明了情况。

"你决定和我商量此事，很好，"他说，"要不你真会送一样我完全不需要的没有用的东西。这样吧，如果你不吝啬的话，就把你的德国古代汽车模型送给我。我已有两个模型了，这样我也许就可以开始收集了。"

"当然不吝啬，"我说，"只是它的方向盘脱了，还有个轮子站不稳了。"

"没关系，"米什卡说，"我把它粘上就行了。既然我已知道你送我什么了，那么你今天就送给我吧。何必白白等一个月呢。"

"行。"我同意说。

我找了一个相当好的盒子——妈妈装香水用过的。我把汽车模型放到里面，用一根玫瑰红的带子捆住，就上米什卡家去了。我祝他在即将来临的生日里快乐后，便把礼物交给了他，米什卡十分满意。

可是快到傍晚时，他来到我家里，从衣袋里拿出我送给他的那个用一根玫瑰红的带子捆着的盒子，说："吉姆，请你原谅。我……改变主意了。如果行的话，顶好送我一对你爸爸做的泡沫塑料鱼漂儿。不然，钓鱼季节到了，我连一个像样的鱼漂儿也没有。"

"没问题！"我说，"我给你五个鱼漂儿。再加一个鱼钩。汽车模型你留下，说不定你还要收集的。"

第二天，在学校存衣室里米什卡走到我跟前，递给我一个非常熟悉的用带子捆着的盒子。我睁大眼睛："怎么，又变了？"

"没有，"米什卡说，"这是送给你的礼物。因为你的生日也快到了，所以我也事先决定好了。"

"哪儿的话？还有三个月哩！"

"不要紧。时间过得很快。大概六月份我要到夏令营去，就不能到你家里祝贺生日了。"

我谢过米什卡，就解开带子，打开了盒子。

盒子里装着米什卡的那把精美的多用折叠刀，上面有三把小刀、一个罐头起子、一个锥子、一把螺丝刀、一个修指甲的小锉、一把小剪子、一个螺旋拔塞锥、一把叉子、一个牙签，甚至还有一个拔眉毛用的镊子。

"不，老弟，"我说，"我不能收下这样贵重的礼物。"

"收下吧，收下吧，"米什卡说，"我完全用不着，再说我的爷爷答应过我，以后他有了这样的刀子就送给我。"

上课的时候，我两手不停地掰弄着刀子，心里想道："不行。米什卡把这么好的礼物慷慨地送给了我，可我送给他的都是些不起眼的东西。"

那天晚上，我去米什卡家里，送给他一个手提式罗盘，装在那个用带子捆着的盒子里面。

"我简直不好意思了，"米什卡说，"老实说，你送了我那么多东西。"

第二天，他给我送来一枚弄弯了的古代的五戈比硬币，也是用盒子装着的。

"收下这枚古钱吧，"他说，"你早就该是古钱收藏家了。"

此时，我陷入了一种莫名其妙的狂热之中。米什卡看起来也是如此。

我送给他一个网球拍和一个网球。网球我是单独装在盒子里面用带子捆着的。

米什卡送给我一块框被打坏了的放大镜。

我又送给他一张狮尾猕猴邮票。

一天晚上，米什卡来到我家里，他手里提着一个奇形怪状的深褐色箱子。

"收下吧，"他说，把箱子递给了我，"这把长号是我的爷爷在义勇消防队工作时吹过的。"

随后，米什卡把手伸到衣袋里，掏出一个用玫瑰红的带子捆着的盒子。

"这又是什么？"我问。

"长号的吹嘴，"米什卡回答，"你要吹，就把它装到号上去。这个吹嘴不是这把长号的，原来的不在了。不过号的吹嘴都是一样的。"

接受了长号后，我决定再不送别的礼物了，也没东西可送了。

过了几天，在星期日，米什卡给我打电话说："喂，你干吗坐在家里呀？今天是我的生日呀。快来吧。"

"哦，我忘记了！"

"说实话，我也忘记了，"米什卡说，"如果我的爸爸妈妈不向我祝贺的话，我可能就想不起来了。喂，来吧。我等着。"

"糟了！"我想，"没有礼物怎么去祝贺生日呢？"我发愁地环顾房间，确实没东西可送了。

周围尽是米什卡送的礼物。"行，"我作出决定，"赶快到街上拐弯处的售报亭给他买个纪念章算了，这总比空着两手去好。"

我好不容易找到了那个已破了好几处的香水盒子，上街去了。可是售报亭关门了。

我只好硬着头皮登上了米什卡家的台阶。

"米什卡，祝你生日快乐。"我说，也许完全是自然而然地、习惯地从衣袋里拿出盒子。

"谢谢。"米什卡说。

他好奇地打开盒子，吃惊地眨了眨眼睛。盒子里面放着一根玫瑰红的带子，像小蛇一样蜷曲着。就是那根我们用来捆过我们所有的礼物的带子。

米什卡以惊奇的目光把带子仔细地看了几秒钟之后，索性从盒子里拿出来了，满以为带子下面大概藏着什么。

我准备向他解释，他却突然眉开眼笑地说："高明极了！这是一件珍贵的纪念品！可以送到博物馆去展出。这个盒子里面装过那么多的礼物，简直数不胜数。不简单呀，吉姆，你真会想。"

　　说罢，我们就吃大蛋糕去了。

（李声权　译）

❧ 写作学习 ❧

　　两个好朋友不断地把自己最心爱的物品赠送给对方，礼物越来越贵重了。正当我们读者担心这样频繁的礼物往来会成为双方不堪承受的负担之时，作者却喜剧般地安排了"我"在最为重要的朋友生日当天，无意间送出了一个空盒，以"我"的尴尬，来终断了这场你来我往的礼物交换"游戏"。

　　生日礼物总是孩子们快乐的期待。两个孩子相互赠送礼物，实际上就是相互创造快乐的过程。礼物的物质属性当然是重要的，但并不是唯一重要。这两个孩子从一开始都是以珍贵的物品来表达诚意，但最好的礼物却不一定总是最贵重的物品。

　　两个孩子在这一过程中，表现了更加纯真的情谊。那个最后装着玫瑰红带子的空盒，成为一个象征性礼物，它依然传递着祝福与希望，同时也是两个孩子相互馈赠礼物表达友爱的见证。所以好朋友米什卡会说："高明极了！这是一件珍贵的纪念品！"这样的礼物交换，为孩子们的生活增添了色彩和意义。

闪光的礼物

[美] 马文·沃耳夫

导读

　　五十九个报纸的订户凑钱给小男孩买了一辆崭新的名牌自行车，这是那些善良的芝加哥人送给男孩的圣诞礼物：即使最卑微的职业，也都有闪光和值得引以为荣的地方。诚实勤奋和认真地工作，就会为自己赢得尊重。

　　从九岁起，我就得挣钱了。于是，我就问米瑟利先生能不能给我一条放学后送报的线路，他是当时美国《先驱报》在芝加哥的代理人，住在我们家附近。他说如果我有自行车，他就分一条线路给我。

　　我爸爸替我买了辆旧自行车，可随后他就因肺炎住院，不能教我骑车了，而米瑟利先生并没有提出要亲眼看我骑自行车，而只是提出看看自行车，所以我就把车推到他的车库去给他看，然后就得到了那份工作。

　　起初，我把报袋吊在车把上，推着车在人行道上走。可推着装着一大沓报纸的自行车走，显得恚笨。几天后我就把车留在了家里，拿了妈妈的带钢网的购货两轮手推车。

我总是把手推车停在人行道上，遇到两层楼的门廊，第一投没投准，就再投一次。遇到星期天，报纸又多又沉，我把每份报纸拿到台阶上，而不是一扔了事。如果下雨，我就把报纸放到玻璃门里面。如果是公寓楼，我就放在大厅的入口处。碰到下雪或下雨，就把爸爸的旧雨衣盖在手推车上面，给报纸挡雨雪。

用手推车送报比用自行车送要慢，但我不在乎。我每次都会遇到附近的许多人——意大利裔、德国裔或是波兰裔人，他们都总是对我很友善。

爸爸从医院出来，重新开始干活。可他身体太弱了，许多活只好放弃了，于是我家就把自行车卖掉了，我不会骑自行车，卖掉它我也不反对。米瑟利先生大概知道了我一直没骑自行车送报，可他对此却只字不提。实际上，他本来就不怎么对我们这帮男孩讲话，除非是遇到有人投诉漏递了一份报纸或是把报纸扔到了水坑里。

我用八个月的时间，把我原来只有三十六个订户的线路增加到五十九户，这些新订户都是通过老订户介绍的。有时，人们在街上拦住我，要我把他们也添到我的订户单上。

我每送一份报挣一分钱，星期天每份挣五分，每星期四晚上收报钱。由于多数订户每次都要多给我五分或一角的，很快，我得到的小费就比从米瑟利先生那里得到的工钱要多。情况当然不错，因为爸爸还干不了多少活，我把我的大部分工钱都交给了妈妈。

1951年圣诞节前的那个星期四晚上，我按响了第一个订户家的门铃，里面的灯都是亮的，可没人来应门。于是我又来到第二家，还是没人应门，接下去的几家都是这样。

不一会儿，大部分订户的门铃都被我按过了，可好像哪一家都没人在。

这下我可着急了：每个星期五我得交报钱。圣诞节快到了，我竟从来没想过他们会出去买东西。

当我沿着人行道走向戈登的房子时，我听到里面有音乐和好多人在说话，这下我高兴起来。我按响了门铃，门应声而开，戈登先生简直就是把我拖了进去。

他家的客厅里挤满了人——几乎全都是我的五十九家订户！在客厅中央，停放着一辆崭新的名牌自行车。车身是苹果红的，上面还有一盏电动前灯和一个铃铛。车把上挂着一个帆布袋，里面装满了五颜六色的信封。"这辆自行车是送给你的，"戈登先生说，"大伙凑的份子。"

那些信封里装着圣诞贺卡，还有那一周的订费，大多数还装有慷慨的小费。我惊得目瞪口呆的，不知道说什么好。最后，还是其中一位妇女叫大家都安静下来，并把我轻轻地领到屋子的中央。"你是我们见过的最好的报童！"她说，"你没有哪一天漏投过或迟到过，没有哪一天的报纸给弄湿过。我们都看见过你在外面冒着雨雪推着那辆购货车，所以大家都认为你应该有辆自行车。"

我所能说的只有："谢谢你们。"

这句话我说了一遍又一遍。

回到家后，我数了一下，小费一共有一百多美元——它使我成了我们家的英雄，它给我们家带来了一个欢乐的圣诞节。

我的订户们准是给米瑟利先生打过电话，因为第二天我到他的车库去取报时，他正在外面等我。"明天上午十点，把你的自行车推来，我来教你骑。"他说。

后来我把车推去了。待我骑在车上觉得自在以后，米瑟利先生要我再投送一条线路，这条线要投四十二份报纸。骑着新自行车投递两条线路，比推着手推车投递一条线路还要快。

其实，那些善良的芝加哥人送给了我另外一份圣诞礼物：即使最卑微的职业，也都有闪光和值得引以为荣的地方—— 一份我总是经常使用的礼物。

●◆● 写作学习 ●◆●

"从九岁起，我就得挣钱了。"本文一开始就紧紧抓住了读者，故事以第一人称讲述，增加了真实感，拉近了与读者的距离。

小小年纪，因为家庭的贫困，不得不过早地踏入社会，这是他的不幸。

然而，他又是幸运的，他以自己的踏实认真工作，赢得了大家的认可和爱怜。他最后获得了那些善良的芝加哥人凑钱给他买的圣诞礼物：一辆崭新的自行车。

这篇《闪光的礼物》告诉我们：一个人的努力，别人都会看见的。一个人只要认认真真地付出，他终究会获得超值回报。这个世界上有许许多多的不公平现象的存在；但也要相信，这个世界也还有许许多多的爱与关怀、真诚与善良的存在。

梅圣俞寄银杏

宋·欧阳修

导读

　　本诗又名《和圣俞银杏见寄代书之什，至和元年》，是北宋大诗人欧阳修（1007—1072）写给另一位诗人梅圣俞的一首诗，以感谢他在秋霜时节给作者寄来银杏。诗中以千里送来鹅毛作为比喻，表示银杏虽然不是多么贵重的礼物，但因为是朋友的一片情意，所以"得之诚可珍"。

鹅毛赠千里，所重以其人。

鸭脚虽百个，得之诚可珍。

问予得之谁，诗老远且贫。

霜野摘林实，京师寄时新。

封包虽甚微，采掇皆躬亲。

物贱以人贵，人贤弃而沦。

开缄重嗟惜，诗以报殷勤。

今译

　　传说中的千里送鹅毛，重要的是赠礼人的情意。银杏虽然只有百来个，我得到它们实在是珍贵。

　　问我从何人处得到，一位住在远方而且贫困的老诗人。在秋天的原野采摘下林中果实，给京城寄来这应时而新鲜的东西。

　　封好的包裹很小，里面的东西却都是老诗人亲自采集。物品虽卑微，会因为人的心意而显得贵重；人虽优秀，也会因为不被重视而遭遇沉沦埋没。

　　打开包裹不禁为老诗人嗟叹惋惜，只能写首诗来报答深情厚谊。

注释

- 梅圣俞：即宋代著名诗人梅尧臣，一生颇不得意，但在诗坛却享有盛名，影响巨大。

- 鸭脚：即银杏，也称白果。银杏树的果实。银杏树叶似鸭掌状，故亦称鸭脚。

- 诚：实在，的确。

- 予：我。

- 诗老：对诗人的敬称。指年长于作诗者，或作诗老手。

- 霜野：秋天的原野。

- 京师：指国都。

- 时新：应时而新鲜的东西。

- 采掇：采摘；采集。读音"cǎi duō"。

- 躬亲：亲自；亲身从事。

- 弃：遗弃，这里指不被重视。

- 开缄：打开捆东西的绳索。"缄"读"jiān"，书信封口，捆东西的绳索。

- 嗟惜：嗟叹惋惜。读音"jiē xī"。

- 殷勤：情意深厚；亦借指礼物。读音"yīn qín"。

❧ 写作学习 ❧

　　"鹅毛赠千里"是倒装句，表达的是"千里赠鹅毛"的意思。"所重以其人"中的"以"，意即因为、由于，"其"是指千里赠鹅毛的行为。这句诗的字面含义是：传说中千里送鹅毛，所看重的是赠礼人的这种行为，也就是他身上的仁义和情意。

　　"鸭脚"亦即银杏。诗人说银杏虽然只有百个，但得到它们却非常珍贵，因为"霜野摘林实，京师寄时新。封包虽甚微，采掇皆躬亲"。这些白果都是远方贫困中的老诗人，在秋天原野中亲自采摘后，寄到京城来的新鲜果实。

　　诗人由此而发出了感慨说"物贱以人贵，人贤弃而沦"。"弃"原意是指放弃或遗忘，这里是指不被重视和任用。"沦"指的是被沉沦和埋没。这句诗的意思是：卑微的物品会因为人的心意而显得贵重；而优秀的人也会因为不被重视而被沉沦埋没。所以诗人在打开礼物的包裹时，不禁为这位老诗人的命运嗟叹惋惜。但他也没有什么好的办法，只有写首诗来报答老诗人的深情厚谊。

圣诞节礼物

［美］赛珍珠

导读

　　孩子们都长大成人，都远走高飞了，只有"他"和老伴两个老人在家。但是，"他"坚持，即使只有两个老人，也要过一个属于自己的圣诞节。赛珍珠（1892—1973），直译珀尔·巴克，美国女作家。

　　清晨四点，他忽然醒来，完完全全地醒来了。这是父亲叫他起身帮助挤牛奶的时间。奇怪的是，他小时候的习惯居然一直坚守到现在。父亲辞世三十年了，然而他仍然在清晨四点醒来。今天是圣诞节，他不想再睡了。

　　现在的圣诞节还有什么魅力呢？他的童年和少年时代已逝去很久，他的孩子已经长大成人，远走高飞了。

　　昨天，他的妻子说："那不值得，也许……"

　　他说："爱丽斯，即使只有我们两个，也让我们过一个自己的圣诞节。"

　　她接着说："让我们明天再装饰圣诞树吧，罗伯特，我有点累了。"

他同意了，树还搁在后门外。

今天夜里他为什么老是醒着呢？夜空晴朗，群星闪烁。天上没有月亮，星星也就异乎寻常的闪亮。这时他记起来了，圣诞节黎明前的星星似乎总是那样晶莹透亮。

他又陷入对往事的回忆，现在他变得十分善感。那年他十五岁，仍待在父亲的农场。圣诞节的前几天，他无意中听到父亲在对母亲说些什么，他才意识到：他很爱父亲。

"玛丽，我真不愿在早晨叫醒罗伯。他现在长得很快，正需要睡眠，我真想自己一个人顶着干。"

"唉，你干不了，亚当。"母亲的声音很清脆，"另外，他也不是个小孩了，是他干活的时候了。"

"是呀，"父亲缓缓地说，"不过我真不愿意叫醒他。"

听到这儿，他的内心似乎有什么东西被唤醒了：父亲如此疼爱他！这一点他从来没想到，认为父子关系就应该是这样的。既然明白了父亲疼爱他，那么一大清早就不应该再那么磨磨蹭蹭的，老是要父亲叫醒。他起床了，睡眼惺忪，穿上了衣服。

圣诞节前一天夜晚，他躺在床上琢磨，第二天应干些什么。他们一家生活清贫，给他们带来最大节日享受的是自家饲养的火鸡，还有母亲亲手做的碎肉馅饼和姐姐自缝的礼物。父母给他买些他需要的东西，不仅仅是一件暖暖和和的夹克衫，或许还有些别的，比如一本书。他呢？也用自己节省下来的钱买点东西回赠他们。

他在思量，在自己十五岁的圣诞节，要给父亲一件更好的礼物，不再是那小店铺买来的普普通通的领带。他侧身躺着，注视着顶楼的窗外。

"爸爸,"有一次他这样问,那时他还很小,"什么是马厩?"

"那就是一个牲口棚,"父亲回答,"跟我们的牛栏差不多。"

那么,耶稣就诞生在一个马厩里,牧羊人和头领还把圣诞礼物送到马厩里呢!

一个主意在他眼前闪过。他为什么不能给父亲一件特别的礼物呢?就在外面的牛栏里呀!

望着天边的星星,他失声笑了。就这么干,不过可不能睡得太死了。

他一定醒来过二十次!每次划着一根火柴,看一眼那只旧表。

三点还差一刻,他起身了,悄声下楼。那楼板会吱吱嘎嘎地发出响声,他格外小心,终于出了家门。一颗明亮的星星低悬在屋顶上空,放射出金黄又略带微红的光泽。奶牛看着他,既困倦又惊奇,对于它们来说,挤奶的时间似乎太早了一点。

它们平静地等候着他。他为每头牛加了点草,又取来了奶桶和大奶罐。

他从来也没独个儿挤过奶,但是这活看来也并不难。他嘴角挂着微笑,不停地干着。牛奶像两条白柱倾入奶桶,泛着白色泡沫,溢出诱人奶香。牛很听话,似乎也知道是过圣诞节哩。

事情比设想的顺利。挤一次奶也并非难事。这就是他奉献给父亲的圣诞礼物呀。终于干完了,大奶罐都盛得满满的,他加上盖，轻轻关上牛栏的门，还检查了门闩。他在门边放了一只凳子，挂上了空奶桶，走出牛舍，关了门。

回到自己屋里，只是一分钟的工夫，他就脱掉了衣服，迅速爬上了床。他听见了父亲的起床声，马上用被子蒙上了脑袋，盖住那急促的喘气声。这时，门被开启了。

"罗伯！"父亲的叫声，"得起床了，圣诞节也一样。"

"噢——"他梦呓般地应道。

"我先去，"父亲说，"做点准备工作。"门关上了。他静静地躺着，笑出声来。只消几分钟，父亲就明白，一切都由他独自干完了。他的心高兴得快要跳出来。

几分钟的工夫，似乎没了尽头——十分钟，十五分钟，不知道道过了多少分钟——终于听到了父亲的脚步声。门，又开启了。

"罗伯！"

"嗯，爸爸——"

"我可以发誓……"父亲笑了，这是一种奇怪的"哧哧"的笑声，"你耍弄了我，是吗？"父亲站在床边，正在摸他，又把被子掀开了。

"今天是圣诞节，爸爸！"

他也摸到了父亲，紧紧地抱住了他。他也感到父亲双手搂住了他。黑暗中，彼此看不清对方的脸。

"我的好儿子，我感谢你。没有什么人干过比这更好的事情了——"

"爸爸，我要你知道——我真想学好样的！"他自己也不知道怎么说出了这句话。他实在不知道说什么好。他那颗挚爱父亲的心一个劲地跳动着。

　　"好吧！我还可以回去躺一会儿呢！"父亲停了一下又说，"不，你听——弟妹们都醒来了，你想想，我还从来没见过你们小孩子第一次看圣诞树的高兴劲呢！我老是待在牛舍里。快起来吧！"

　　他又穿起了衣服。父子俩下楼去看圣诞树。没多久，太阳爬到了刚才那颗星星的位置上。啊！多么美好的圣诞节！当父亲把刚才发生的一切告诉母亲的时候，他又羞愧又自豪，那颗心又激烈地跳动起来。

　　"这是我所得到的最好的圣诞礼物，我得记住它，我的儿子，每一年圣诞节的早晨我都会记起它，只要我还活在人世。"

　　父子俩一直铭记着这件事。现在父亲去世了，他独个记住：那个神圣的圣诞节的早晨，他一个人和母牛在牛舍里，在准备那奉献给父亲的第一件厚礼。

　　这时，窗外的星星正在从天上渐渐遁去，他下了床，穿上拖鞋，披上浴巾，缓步下楼去。他把圣诞树移进屋来，精心修饰着，很快就干完了。他又走进书房，取出一只小盒，里边盛着给老伴的特别的礼物——一根钻石胸针。它不大，但设计精巧。他对它并不感到满足，他要告诉她——他多么爱她！

　　能够爱别人是幸福的，那才是生活中真正的乐趣。他想起来了，很久以前当他明白父亲疼爱着他，他的心里就埋下了爱的种子。爱，只有爱，才能唤醒爱。

　　早晨，这个神圣的圣诞节的早晨，他将把他的爱奉献给老伴，他将把它写在一封信内，让她永久地阅读和保存下去。他走到桌边，动起笔来：我最亲爱的……

写完信，他封上口，把信挂在圣诞树上。他熄了灯，轻步上楼。天上的星星消逝了，太阳的第一束光芒在东方闪亮，这是一个幸福的圣诞节！

（毛荣贵　译）

❧ 写作学习 ❧

在这个圣诞节，老人想起了自己在儿年时代，第一次给自己的父亲送圣诞礼物的情景，那是一个他和父亲之间真情流露和表达的时刻，是他们相约一辈子要记住那个最好圣诞礼物的时刻。是这样真挚的父子之爱，在他的心里埋下了爱的种子。

现在，在这个圣诞节里，他再一次向自己的老伴表达这样的爱。因为他坚信："只有爱，才能唤醒爱"。

这个故事，令人感动，也令我们有些心酸。因为这两个孤独的老人，在圣诞节里，只能回忆更老一辈的父爱和自己对父亲的爱。而他们的下一代，却始终没有出现。这样的爱，是否真的只属于过时的老一辈？

赛珍珠的中国情怀

雷克昌

美国著名女作家赛珍珠（1892—1973），本名珀尔·巴克（Pearl S. Buck），生于美国一个传教士家庭。自幼随父母长期侨居中国，曾在中国的大学从事英语教学工作。1922年开始文学创作，先后著有《东风西风》《大地三部曲》《儿子们》《乡家》《龙子》《市民》等五十多部小说，大多以中国农村为题材。还曾将《水浒传》翻译成英文在西方出版。1938年获诺贝尔文学奖。

赛珍珠一生对中国始终怀有特殊的情感，称中国是她的第二祖国，致力于促进中美两国人民之间的文化交流。

支持抗日战争

赛珍珠在中国度过了40余年的时光，抗日战争爆发后，赛珍珠于1934年离开了兵荒马乱的中国，回到美国。

就在赛珍珠离开南京3年之后，1937年12月发生了惨绝人寰的"南京大屠杀"。赛珍珠竭尽全力为中国抗战奔走呼号。她在美国发表广播讲演表示："中国绝对不会屈服于日本！因为我不能想象我们认识的那些健壮实在的农人，那些稳健的中产商人，那些勤苦的劳工，以及那些奋勇热心的学界领袖，会受到日本的降服。所以在言论上，在著作上，我曾大胆地发表我的自信。我说，中国人是不会投降的！"至今，我们读这篇讲演稿时，仍会为赛珍珠的真诚所感动。

赛珍珠认定中国人不会向日本屈服，在诺贝尔文学奖的颁奖典礼上，赛珍珠向全世界说："我现在对中国的敬仰胜似以往任何时候，因为我看见她空前团结，与威胁着她的自由的敌人进行着斗争。由于有着这种为自由而奋斗的决心，而这在一种极其深刻的意义上又是她的天性中的根本性质，我知道她是不可征服的。"

赛珍珠还在美国热情地帮助了许多中国文化人，声援中国人民的抗日救亡。赛珍珠安排并主持了按周恩来的指示到美国边深造边宣传抗日的王莹在白宫的演出，邀请美国政要观看了《放下你的鞭子》《义勇军进行曲》《到敌人后方去》等抗日节目，并带头为中国抗战捐款。

1938年宋庆龄在香港组织"保卫中国同盟"，赛珍珠与埃德加·斯诺等人应邀成为发起人和荣誉会员，帮助开展向海外募集资金和医药物品的工作。赛珍珠与斯诺夫妇等一起上书美国总统，呼吁成立"美国中国事业救助联合会"，由她本人担任主席。同时，赛珍珠夫妇还成立了以筹集资金援助中国为工作目标的"紧急援华委员会"。

敬仰孙中山

赛珍珠对孙中山素怀敬仰。她在中国生活期间正是中国大动荡和大变革时期，孙中山领导的民主革命给赛珍珠留下了深刻的印象。

1941年，赛珍珠在美国创立"东方与西方文化协会"，一方面以举办各种讲座、制作广播节目等方式介绍各国的文化，另一方面通过具体的教育交流项目来促进东西方人民之间的相互理解。在成立"东方与西方文化协会"华盛顿分会时，赛珍珠特地选在3月12日孙中山逝世纪念日举行成立大会。在成立大会上，她指名要一位中国作家以"孙逸仙博士与现代中国"为题作演讲。1944年3月12日，"东方与西方文化协会"在纽约举行孙中山逝世19周年纪念大会。赛珍珠在会上发表了热情洋溢的演讲，盛赞孙中山是中国最伟大的共和英雄，是为自由捐躯的斗士。纪念大会前，她还特邀宋庆龄为这次活动作广播演说。宋庆龄为此专门精心准备了讲稿，虽然国民党当局对讲稿的内容大为不满，但宋庆龄仍坚持在3月12日晚11时16分，通过重庆国际广播电台向美国听众发表了题为《孙中山与中国民主》的广播演说，阐述了孙中山遗嘱对于当时的中国的意义。

策划孙中山纪念影片

1942年中共中央派表演艺术家王莹与谢和赓到美国开展统战工作，临行前，周恩来曾要求他们请宋庆龄给赛珍珠写信介绍中共代表。王莹到美国后，受到赛珍珠的热情接待。1943年，赛珍珠聘请王莹为"东方与西方文化协会"的中国戏剧部主任，王莹和赛珍珠共同商定了编写、排演《孙中山传》的计划，由赛珍珠任编剧，请金山扮演孙中山、王莹扮演孙夫人，并由"东方与西方文化协会"向美国国务院申请，让扮演孙中山的金山来美国。后来因为金山没能到美国等原因，演出计划最终没有实现。

"二战"结束后，赛珍珠为弥补当年的遗憾，又萌生了为孙中山拍摄一部电影的念头。为此她给宋庆龄写了一封信：

亲爱的孙夫人：

我非常恭敬地写这封信给你。因为我对你有一个很重要的请求。

也许你知道我十分关切我们两国人民之间的相互理解。为了这种相互理解，我已经用多种方式努力了许多年。为了进一步推动美国人民对中国的理解，我觉得现在也许所能做的最重要的事情是创作一个剧本，剧本将用广泛的人性的观点描述孙逸仙博士革命的一生对中国人民所具有的重大意义。剧本写成以后可以拍成一部伟大的电影。我写这封信的目的是请求你同意由我来写这样一个剧本。我想让你知道我会怀着对孙博士及其革命的一生极其崇敬和钦佩的态度来完成这个任务的。我想让我国人民真正地了解他，深深地敬仰他，就像敬仰我们的林肯一样。但我不敢擅自做主写这个剧本，也不敢在剧本写成以后将它搬上银幕，除非得到你的允许，如果你允许的话，我还需要你的合作。

你能来信坦率地谈谈你对这个设想的看法吗？如果你大体上同意的话，我会再写信告诉你所有具体的计划，供你进一步考虑是否同意以及提出你自己的建议。不过，在我让你花时间考虑具体计划之前，我需要你对这个设想本身做出赞成的答复。

你诚挚的珀尔·巴克

这封信是用英文打字机打印的，写于1946年2月15日，末尾有赛珍珠的亲笔签名，信纸上标有"宾夕法尼亚普凯西"字样。

　　尽管后来赛珍珠的这一设想未能得以实现，但这并没有影响她宣传孙中山的热情。1953年她撰写了儿童读物《那个改革了中国的人：孙逸仙的故事》，由美国兰登书屋出版，这多少弥补了她希望让美国人民了解、敬仰孙中山的美好愿望。直到晚年，赛珍珠在她的回忆录里提到孙中山时依然充满敬意：他坚定善良，刚直不阿，超凡脱俗，赢得了所有了解他的人的爱戴。

　　1973年3月6日，赛珍珠去世于美国佛蒙特州的丹比，时年81岁。按其遗愿，墓碑上只镌刻"赛珍珠"三个汉字。